教育部中等职业教育专业技能课立项教材

市 场 营 销

卖场销售与管理

MAICHANG XIAOSHOU YU GUANLI

主 编／李 烽
副主编／叶 丹

中国人民大学出版社
· 北京 ·

前　言

Preface

随着我国城镇化进程的不断加速，城市规模越来越大，城市人口越来越多，城市商品需求越来越大。城市居民的购物场所主要集中在商场、超市及卖场，一方面，城市的发展促进了卖场等零售企业的发展；另一方面，卖场等零售企业的壮大极大地满足了居民的商品需求，同时也为城市人口提供了良好的就业平台。

近二十年来，我国本土化的大大小小的超市、卖场如雨后春笋般兴起，形形色色的卖场遍布城市的各个角落。不言而喻，各个卖场门店之间存在着竞争，争先恐后地吸引城市有限的顾客群。为了取得良好的销售业绩，各个卖场门店迫切需要一名出色的管理员，即店长。一位有能力的店长在卖场的宏观管理以及微观指导中起着举足轻重的作用，例如，制订合理的年度销售计划、实施有效的销售活动等。

基于以上两点，我们本着提高卖场的管理水平，丰富中等职业技术学校商业类学生的有关专业知识和技能的目的，从城市卖场环境和学校教学状况的实际出发，编写了《卖场销售与管理》这本教材，定位于专业技能拓展的实操教学，供中职学校商业类或其他相近专业的学生使用。

考虑到实际就业中卖场管理所需的各项核心技能，同时结合中职学校学生的实际专业知识和技能的基础，本教材所涵盖的技能点是实际卖场管理最需要的，也是学生最应学习、最易学习的。本教材借鉴当前中职学校最前沿的教学模式，符合项目化教学需要，有利于翻转课堂的实现和线上与线下学习任务的结合。本教材以商业卖场门店管理为个案，以店长工作任务为主线，提出以组织促销、组织开会、组织销售分析、组织应急处理为典型工作任务的基层卖场门店管理的概念，以及基层卖场门店店长应具备的商品陈列技能、橱窗展示技能、海报设计技能、开会技能、销售分析技能、盈亏核算技能、应急处理技能、票据填写技能“八位一体”的技能组合。

本教材的最大特点在于师生在课堂上实现技能教学，从项目到任务，从任务到步骤，从设立目标到目标的实现和评价，各项技能点明确，学习任务清晰，最大限度地提高课堂的学习效率。全书用语简明扼要，逻辑关系明确，层层递进，教师易于指引，学生易于领悟，有利于师生互动，以及学生合作和讨论。

本书由李烽任主编，设计了课堂教学模式和教学情境，主要完成了项目一“主题促销”和项目二“组织开会”的编写；叶丹任副主编，主要完成了项目三“销售盈亏核算”、项目四“应急处理”和项目五“票据填写”的编写。本书在编写过程中，得到了许多专家的帮助和支持，他们提出的修改意见使本教材不断完善，在此对他们表示衷心的感谢！由于编者水平有限，不足之处敬请广大师生批评指正。

编者

2018 年 6 月

教学情境介绍

悦民卖场是北京市一家知名的连锁卖场，该卖场多处于居民区，购物环境明亮整洁，商品品种齐全，物美价廉，涵盖日用品、蔬菜水果、化妆品及服饰等，面向的消费对象主要是普通市民。李敏是其中一家门店的店长，在悦民卖场日常的商品销售和管理中安排和处理大量的工作，涉及商品促销、销售分析、应急处理等领域，具体包含商品陈列、橱窗展示、海报设计、开会、销售分析、盈亏核算、应急处理、票据填写等核心工作。李敏带领员工努力做好各项工作，不断提升卖场的销售业绩。

目 录

Contents

项目一 主题促销

项目二 组织开会

项目三 销售盈亏核算

项目四 应急处理

项目一 主题促销

项目背景

商品促销是提高商品销售最直接、最简单、最有效的方式，对于卖场而言也是一项必不可少的活动。促销活动发展至今，已经积累了多种多样的方式，如节假日促销、季节促销、各种各样的广告促销、主题促销、服务促销等。本项目将重点以主题促销为例，探讨李敏店长如何选择主题进行商品促销，如何运用正确的促销方法，如何对促销过程进行有效管理。

学习目标

1. 了解主题促销的概念、类型、方法和作用。
2. 掌握如何根据主题来选取商品。
3. 了解商品陈列的常见类型。
4. 掌握如何运用橱窗对促销商品进行展示。
5. 掌握促销商品的海报设计。

任务一　主题促销概述

任务要求

了解主题促销的概念、类型和作用，熟知卖场常用的主题促销类型。

任务情景

卖场销售业绩的提高离不开适时合理地开展各种促销活动，店长李敏要求每位店员都要熟知卖场最常用的主题促销类型，并适时选择最佳的主题进行促销。

任务实践

步骤一 组建小组，每组 5 至 6 人，选出组长，由组长分配任务，通过查阅资料及小组讨论分析什么是主题促销，主题促销有什么作用。

1. 主题促销

主题促销是店长带领经营团队进行卖场管理与销售的一种重要行为，是店长经营理念、业务知识和管理能力的综合体现。

2. 主题促销的作用

（1）吸引新顾客。

（2）维持老顾客。

（3）促进购买。

（4）扩大知名度。

步骤二 通过查阅资料及小组讨论罗列出常见的主题促销类型有哪些，具体的促销方法有哪些。

1. 主题促销的类型

（1）节日或季节促销。

（2）企业发展的特殊时段促销。

（3）特定时代主题促销。

（4）反映特殊社会事件促销。

2. 促销的方法

有奖销售，折价优惠，集点赠送，免费赠送，赠送礼品、纸袋、包装盒等。

步骤三 根据已知的主题促销类型，各小组讨论各个类型具体可以选择哪些主题进行促销，并完成表 1－1 的填写。

表 1－1　主题的选择

主题促销类型	主题名称	主题促销标题
节日或季节促销	例如：春节	红包大派送——春节礼品促销

续前表

主题促销类型	主题名称	主题促销标题
企业发展的特殊时段促销	例如：开业	大发红包——开业优惠组合重拳出击
特定时代主题促销	例如：环保	栽树命名——环保话题提升品牌力
反映特殊社会事件促销	例如：抗震救灾	心系玉树——良心卖场经营有道

步骤四 各小组有选择地进行发言、交流、展示。

主题选择交流展示案例：

悦民卖场促销主题的选择

主题的选择：每年的教师节，卖场的促销活动可以“尊师重道”为主题开展，一是激发广大学生的爱师之情，关心老师们的身体和工作；二是引导学校、社会为辛苦工作了一年的老师们送上最真挚的祝福。

商品的选择：以学生爱师之情为出发点，教师节的促销商品可以选择物美价廉的创意类商品，如简易书架、创意笔筒、图案杯子等。

以学校关注教师健康为出发点，教师节的促销商品可以是具有一定实用价值的生活用品：如电饭煲、保温杯、健康食用油等。

知识探究

一、主题促销的概念

主题促销是依据一定主题，通过商品陈列、橱窗展示、海报设计来体现门店的经营理念、促销方略和促销氛围的一种销售活动。

其中促销主题是指促销活动的主体内容，促销主题的展示由促销内容、促销产品、促销赠品、宣传品、展示装备及现场环境等构成。在突出品牌理念、维护品牌形象的基础上，主题促销作为阶段性的促销活动还要让现场顾客知道这次促销活动的主体内容、促销方式和方法、活动的起止时间等。

二、主题促销的作用

（一）提升顾客的利益

促销要面对顾客，这就要求促销活动的主题一定要从顾客的角度出发，体现他们的利益。可以用主副标题结合的方式体现顾客的利益，如教师节推出以“感恩师长”为主题的活动，若该主题和部分顾客利益不相关，可以另附副标题：购物有奖。

（二）促进商家与顾客之间的信息沟通

促销活动的实质是信息沟通，主题促销也不例外，其目的是吸引顾客来关注和参与。主题促销作为重要的促销活动更应该别具一格，且要赋予一定的意义，这样更有利于促销信息的传播，在提升门店营业额的同时，也有利于提升商家的企业形象。

（三）配合商家品牌战略的实施

除了提升顾客利益和促进信息沟通，提升阶段销售额之外，主题促销更是着眼于提升商家品牌形象。一次主题促销活动开展的长远目的在于让顾客产生正面的品牌形象认知，逐步提升顾客对商家的品牌忠诚度。

三、主题促销的类型

常见的主题促销类型有：节假日促销，如春节促销、教师节促销等；提升销售额促销，旨在一定阶段内提升销量而进行的特定促销；周期性促销，例如每周、每月、每季一次的促销活动。

任务二　促销活动策划及商品的选取

任务要求

了解主题促销活动策划方案的构成要素，学会选择契合主题的主要的促销商品。

任务情景

李敏以卖场开业为契机，将策划以“开业”为主题的促销活动，要求店员们设计一份促销活动策划方案，重点是要提出主要的促销商品，尽最大可能吸引和汇聚更多的顾客，带动卖场其他商品的销售。

任务实践

步骤一　组建小组，每组5至6人，选出组长，由组长分配任务，通过查阅资料及小组讨论列出主题促销活动策划方案的构成要素。

(1) 促销活动标题。

(2) 促销活动背景。

(3) 促销主题。

(4) 促销时间安排。

(5) 促销过程设计。

(6) 促销场地安排。

(7) 促销方法选择。

(8) 促销商品选取。

(9) 活动细则说明。

(10) 活动流程要求。

步骤二　根据表1-2所列提纲要求各小组设计一份主题促销活动策划方案，重点是选取主要的促销商品，并完成表1-2的填写。

表1-2　“开业”主题促销活动策划方案

活动主题	
活动时间	
活动目的	
活动过程	
促销方法	
商品选取	1.
	2.
	3.
	4.
	5.
	……
流程要求	
细则说明	

注：“商品选取”要求说明每种商品的具体购买方式，包括价格、数量等。

步骤三　各小组根据完成的促销方案，有选择地进行发言、交流、展示，教师进行点评。

主题促销活动策划方案交流展示案例：

悦民卖场圣诞节主题促销活动策划方案

圣诞节与元旦相隔时间比较近，为抓住节日销售契机，聚集人气，吸引客流，创造良好的销售业绩，悦民卖场拟在圣诞节期间推出以气氛衬托为主要目的的赠券类促销活动。

一、活动时间

12 月 24 日（周五）—26 日（周日）（共 3 天）。

二、活动主题

悦民圣诞礼　欢乐健康送。

三、活动范围

悦民卖场市区一店。

四、活动内容

1. 圣诞“欢乐健康送”

内容：活动期间，在××购买服装类、床品、箱包满 200 元以上，均可获赠：价值××元欢乐健康券＋圣诞大礼包一份。（欢乐健康券含价值××元保龄球票、价值××元沙狐球票、价值××元动感电影票、价值××元台球票）

满 500 元以上，可获赠：价值××元欢乐健康券＋价值××元英派斯健身券＋圣诞超值大礼包一份。

具体操作：活动用礼券由保龄球馆为各分店提供，保龄球票、动感电影票、台球票、沙弧球票成本价每张××元，英派斯健身券每张××元，由各店与保龄球馆分别结算。圣诞大礼包成本约××元，圣诞超值大礼包成本约××元。圣诞礼包由各店自行购买包装纸，根据成本价包装休闲食品、玩具等。

2. 圣诞“缤纷玩具节”

地点：各店中厅或其他公共区域。

内容：各店进行玩具展销，展示不同类别、各种款式的玩具。另外可展销部分圣诞礼品，如圣诞帽、圣诞树、圣诞雪花、袜子等。各店联系厂家，给予顾客一定幅度的优惠。

环境布置：由策划部统一制作背板，各店拷图制作。各店专柜摆放装饰精美的圣诞树，12 月 10 日前布置到位。

3. 限时抢购

活动期间，每天下午 17:00—21:00，部分穿着类、床品 5～6 折限时抢购，限时抢购品牌由各店自行确定。各店于 12 月 17 日前确定品牌。参加限时抢购活动的品牌不再参加赠券、赠礼活动。

4. 圣诞狂欢夜

时间：12 月 25 日晚 18:00—21:00。

地点：××商城地下一层中厅。

演出：拟邀请10名大学留学生或由××艺术团演员现场表演节目，中间穿插互动有奖问答（国外品牌知识）。

主持：××。

5. 圣诞礼，××情

12月24、25日两天，由2名“圣诞老人”（由各商场指定，统一着圣诞老人服装）在商场为小朋友派发礼品。礼品费用约××元。

6. 圣诞寄语留言板

各店在总服务台设“圣诞寄语留言板”，由顾客填写对亲朋好友的祝福，并由“圣诞老人”现场派发礼品。“圣诞寄语留言板”由策划部统一设计，各店拷图制作。

五、广告宣传及费用

12月24日：《××晚报》D1版通栏××元；

《××商报》头版通栏××元。

费用共计：××元。

知识探究

一份完整的主题促销活动策划方案应当具备以下几个构成要素：

（1）方案标题：×××主题促销活动策划方案。

（2）活动时间：明确活动的起止时间。

（3）活动主题：以节日、流行事件等为主题。

（4）活动范围：明确商家所在位置及店内参与活动区域范围。

（5）活动内容：明确具体的商品种类、价格等因素，说明促销活动规则。

（6）广告宣传及费用的预算。

任务三　商品陈列

任务要求

了解商品陈列的原则，认识商品陈列的主要区域，掌握商品陈列的类型，以及开架式陈列的方法。

任务情景

李敏深知卖场各类商品的有效陈列对促进商品的销售有着不可忽视的直接作用，合理、完美的商品陈列能够更好地展示商品的优点，吸引顾客的眼球，从而最大限度地激发顾客的购买欲望。李敏打算在空闲时间给店员们做一个培训，要求店员明白商品陈列的原则、主要区域以及类型与方法。

任务实践

步骤一 组建小组，每组 5 至 6 人，选出组长，由组长分配任务，通过查阅资料及小组讨论了解商品陈列的原则。

（1）安全原则。

（2）方便原则。

（3）新鲜原则。

（4）丰富原则。

（5）有序原则。

（6）效率原则。

（7）价值原则。

（8）促销原则。

（9）美观原则。

步骤二 各小组通过实地考察与查阅资料相结合的方式，相互讨论，共同画出卖场商品陈列的主要区域图。

步骤三 各小组通过对多个卖场的实际观察，罗列出卖场常见商品陈列类型和种类，完成表 1-3 的填写，要根据实地拍摄或者网络查找获得照片或图片，说明各个陈列类型和方法。

表 1-3 商品陈列类型与方法

项目	名称	方法说明	图片解析
陈列的类型	柜台式陈列		
	开架式陈列		

续前表

项目	名称	方法说明	图片解析
陈列的方法（开架式陈列）	集中陈列法		
	整齐陈列法		
	两端陈列法		
	盘式陈列法		
	突出陈列法		
	悬挂陈列法		
	定位陈列法		
	关联陈列法		
	比较陈列法		

步骤四　各小组进行发言、交流、展示，教师点评总结。

商品陈列交流展示案例：

悦民卖场服装陈列形态

悦民卖场的服装陈列主要是悬挂陈列，具体有两种陈列形态：

一、侧挂陈列

将服装侧向挂在货架横竿上的一种陈列形式。体现组合搭配，方便顾客进行比较；服装的占用空间最小，空间利用率高；整理比较简单也方便取放；服装形态更容易保持。

该方法的优点在于特别适合展示服装款式较多的品牌，缺点是不能非常直接地展示出服装的细节，第一眼只能看到侧面，想看细节要取下观察。

二、正挂陈列

将服装正面展示的一种陈列形式。能进行衣裤上下的搭配展示，突出服装的款式、细节及风格等；取放比较方便，同时可作为顾客试衣的样板衣服；此外，还具备储货和展示的功能，节省衣服移动的时间。

该方法的优点在于兼具人模陈列和侧挂陈列的长处，既可以进行单件服装的展示，也可以进行衣裤结合搭配展示；缺点是不得不考虑和相邻服装风格、大小及长短的协调性，因此在陈列前期需要花费较多的工作时间。

悦民卖场除了以上两种陈列形态外，还有少量人模陈列和柜台陈列。

知识探究

一、商品陈列主要区域

商品陈列主要区域见图 1－1。

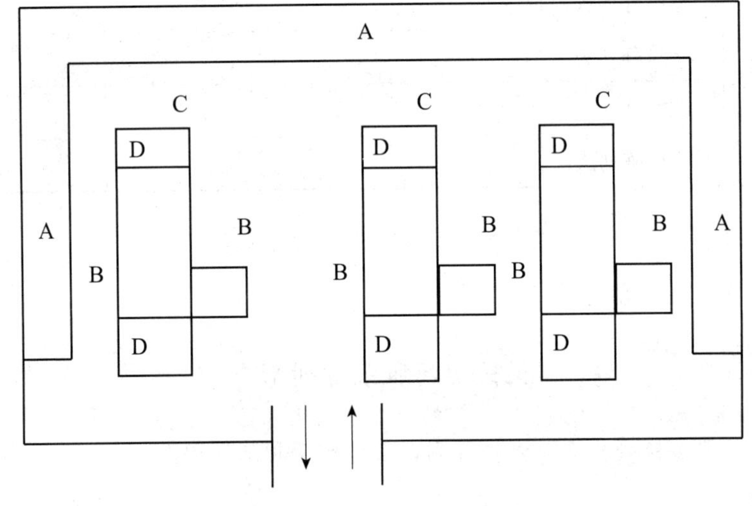

图 1－1　商品陈列主要区域

区域说明：

A 为货位区域。

B 为走道区域。

C 为中性区域。

D 为端架区域。

二、陈列的类型

（一）柜台式陈列

柜台式陈列是指利用柜面和柜内陈列商品。一般存放手表、珠宝、首饰等贵重商品。

（二）开架式陈列

开架式陈列是零售企业采用的自选、开架售货形式。开架式陈列有多种陈列方法，具体如下：

1. 集中陈列法

把一种商品集中摆放在一个地方，主要用于周转较快的商品。

2. 整齐陈列法

通常按照货架的尺寸确定商品的排面数，并将商品按一定层面整齐地排列在一起，主要用于饮料和灌装啤酒等商品的陈列。

3. 盘式陈列法

类似于整齐陈列法，但是不将商品从包装箱中取出，而是剪去包装箱的上部，以盘为单位将商品逐一堆放上去。

4. 两端陈列法

“两端”是商品陈列的黄金位置，是卖场内最能吸引顾客的地方，主要用于陈列高利润、特价、知名品牌类商品。

5. 岛式陈列法

在卖场的入口处等位置，配置用以陈列特殊商品的展台。

6. 突出陈列法

在卖场的中央陈列架前面突出的一部分，用来陈列特殊商品，扩大货架的陈列量，以吸引顾客眼球。

7. 悬挂陈列法

将形状扁平、细长等无立体感的商品悬挂起来陈列，增加商品的观赏性，达到促进销售的目的。

8. 定位陈列法

卖场中有些商品的陈列位置一旦确定在很长一段时间内将不会发生改变，这些商品往往具有较高的品牌知名度和较多的忠实顾客。

9. 关联陈列法

将种类不同但效用互补的商品放在一起陈列，例如将沐浴露与洗发水、拖把与水桶等放在一起陈列。

10. 比较陈列法

将同一品牌的商品，按不同规格分类陈列在一起，让顾客通过价格和数量等的比较来选择购买商品。

任务四　橱窗展示

任务要求

了解橱窗的分类和作用，理解橱窗设计的基本原则，掌握橱窗设计的基本方式。

任务情景

橱窗是卖场重要的有机组成部分，对卖场来说非常重要，相比电视媒体和平面媒体，橱窗具有更加直观的展示效果，同时，在商品促销过程中能够起到其他营销手段无法起到的作用。李敏充分意识到了这一点，因此她决定在日常的商品展示以及某一时期的主题促销活动中，最大限度地发挥卖场现有橱窗的展示作用。

任务实践

步骤一　组建小组，每组5至6人，选出组长，由组长分配任务，通过查阅资料及小组讨论了解橱窗的类别。

1. 按位置分

（1）店头橱窗。

（2）店内橱窗。

2. 按装修形式分

（1）通透式橱窗。

（2）半通透式橱窗。

（3）封闭式橱窗。

步骤二　根据步骤一所了解的橱窗的类别，各小组根据课外的实地观察和拍摄，结合网络搜索，用相应的图片展示说明橱窗的各个类别，概括说明橱窗的作用。各小组完成表1-4的填写。

表 1-4　　　　　　　　　　　　　　橱窗类别的图片展示

类别		图片展示
按位置分	店头橱窗	
	店内橱窗	
按装修形式分	通透式橱窗	
	半通透式橱窗	
	封闭式橱窗	
橱窗的作用		

步骤三　情景补充：李敏管理的卖场有不少服装品牌入驻，在“开业”主题促销活动中，李敏想利用此机会向广大顾客展现服饰品牌，李敏计划重点利用卖场现有的橱窗区域进行展示。

各小组利用之前对有关橱窗知识的学习和课外实地观察，给李敏推荐一下可供选择的橱窗设计方式，参考方式如表 1-5 所示。

表 1-5　　　　　　　　　　　　　　橱窗设计方式

方式	文字解析	图片展示
综合式	数种无关商品综合陈列在一个橱窗内，组成一个完整的橱窗广告。具体陈列方法有三种：横向陈列、纵向陈列、单元陈列	
系统式	按不同的标准，将商品组合陈列在一个橱窗内，具体分为同质同类陈列、同质不同类陈列、不同质同类陈列、不同质不同类陈列	
专题式	以某个广告专题为中心，围绕某特定事件，组织不同类型商品进行陈列，向顾客展示一个主题，具体可分为节日陈列、场景陈列与事件陈列	

续前表

方式	文字解析	图片展示
特写式	运用不同的艺术形式与处理方法，集中介绍某一新产品或特色商品的广告宣传，具体可分为单一商品陈列和商品模型特写陈列	
季节式	按照季节变化，对应季商品集中陈列，满足顾客的季节性购买需要，有利于扩大销售	

步骤四 各小组有选择地进行发言、交流、展示，教师做点评和总结。

知识探究

一、橱窗的作用

（1）橱窗是商场联系顾客的媒介，是店铺的“眼睛”。

（2）橱窗是商场吸引顾客的一种重要手段。

（3）橱窗是城市“流行文化的气象台”，主题橱窗的内容与形式受时代特征、经济发展、大众生活方式的影响。

二、橱窗设计的原则

（1）考虑顾客行走时的视线。

（2）橱窗和卖场形成一个整体。

（3）要和卖场内的营销活动相呼应。

(4) 主题鲜明，风格突出。

三、橱窗设计的方式

橱窗设计一般按以下方式进行：

(1) 确定布置主题。

(2) 做好布置准备。

(3) 实施布置。

(4) 布置商品的更换。

(5) 橱窗的定期清洁。

任务五　海报设计

任务要求

能够运用 Photoshop CS5 或 Photoshop CS6 软件，以及卖场和商品图片，结合某个促销主题，设计制作单个产品及整个卖场促销活动宣传海报。

任务情景

悦民卖场自开业以来，在日常的经营中尤其是在促销活动过程中，李敏特别重视卖场海报的展示作用，漂亮的海报不仅是卖场内外一道靓丽的风景线，而且有利于促销活动的宣传，促进商品的销售。李敏要求卖场策划部能够熟练掌握商品的拍摄技巧，并进一步运用图片处理软件进行商品海报的设计与制作。假如你是卖场策划部的员工，你将如何开展这项工作呢？

任务实践

步骤一　组建小组，每组 5 至 6 人，选出组长，由组长分配任务，在一定的拍摄条件下，对单个商品或商品组合进行多方位的拍摄。商品拍摄范例如表 1－6、表 1－7 所示。

表 1－6　　单个商品

商品	方位	图片展示
袜子	方位一：整体	
	方位二：袜帮	
	方位三：袜跟	
	方位四：袜头	

续前表

<table>
<tr><th>商品</th><th>方位</th><th>图片展示</th></tr>
<tr><td rowspan="4">洗手液</td><td>方位一：整体</td><td>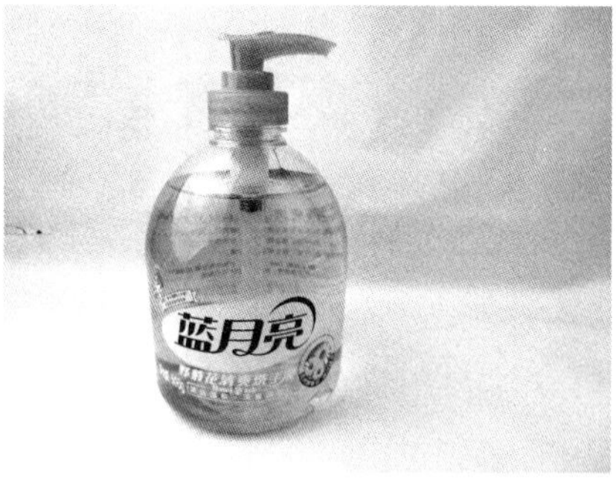
</td></tr>
<tr><td>方位二：背面</td><td>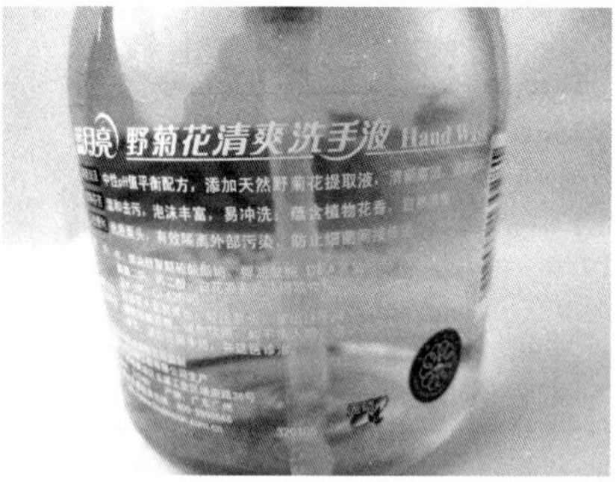
</td></tr>
<tr><td>方位三：按钮</td><td>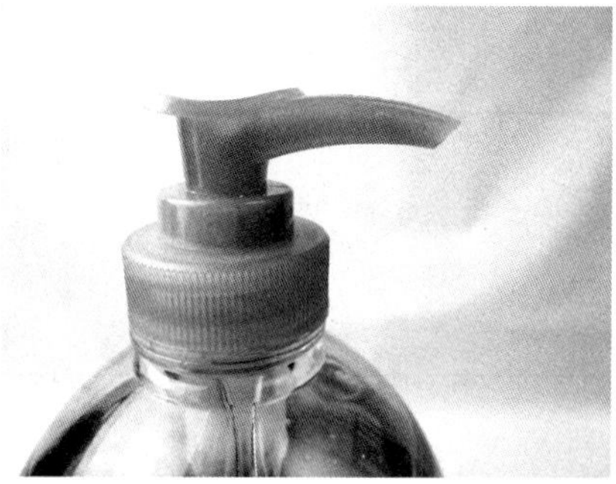</td></tr>
<tr><td>方位四：内液</td><td>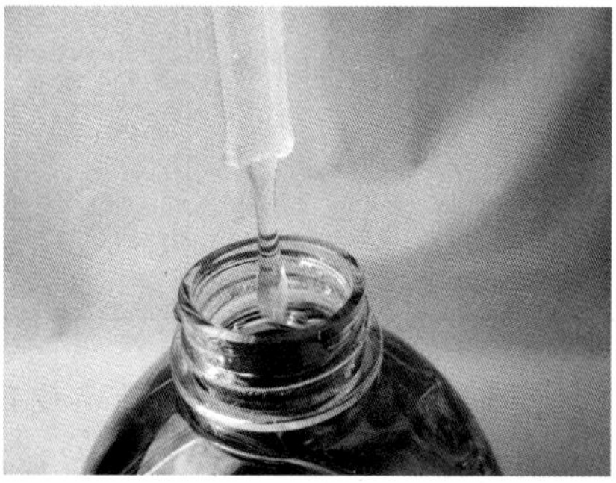</td></tr>
</table>

表 1-7　　商品组合

商品	方位	图片展示
牙膏、牙刷	方位一：刷头朝上	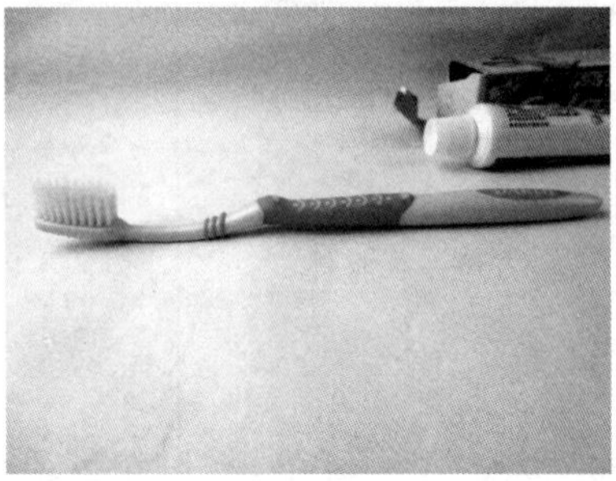
	方位二：刷头朝前	
	方位三：刷头朝后	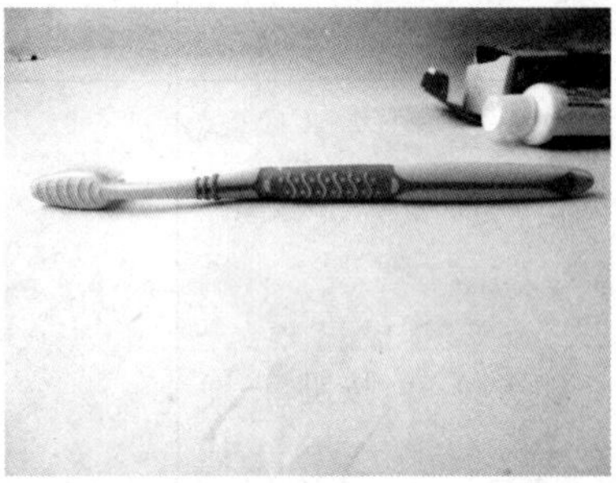
	方位四：刷头上加牙膏	

步骤二　各小组根据拍摄的单个商品或商品组合照片，设计制作商品促销展示海报。单个商品促销展示海报参考范例如表 1-8 所示。

表 1-8　　单个商品促销展示海报

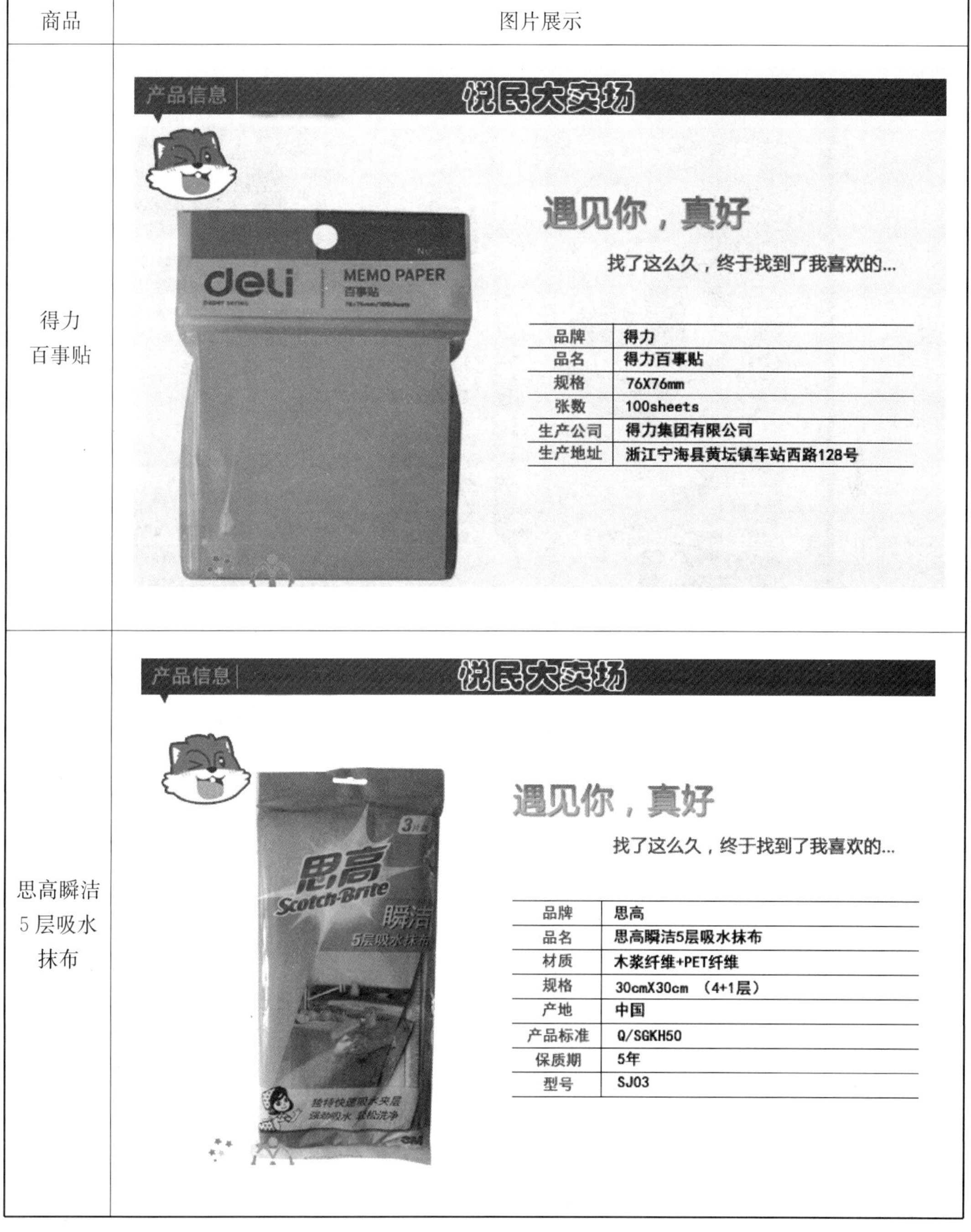

商品	图片展示
得力百事贴	
思高瞬洁5层吸水抹布	

步骤三　选择某个主题，为卖场设计并制作一张主题促销活动宣传海报。主题促销活动宣传海报参考范例如表 1-9 所示。

表 1－9　　“毕业季”主题促销活动宣传海报

主题	图片展示
毕业季	

步骤四　各小组有选择地进行发言、交流、展示，进行组间互评和教师点评。

知识探究

本任务所涉及和要求掌握的知识点主要为商品拍摄技术和技巧，以及 Photoshop CS5 或 Photoshop CS6 图片处理软件的操作技能，同学们可参考相关“商品拍摄与图片处理”类教材，本书在此不做详细介绍。

项目评价

结合表 1－10，参照各个项目及指标，从自评、互评、师评三方面对本项目的学习情况作出综合评定。

表 1-10　　项目学习评价表

项目	指标	评价内容	分值	自评	互评	师评
学习目标	知识技能	能够了解、理解项目所涵盖的知识点，掌握项目所涉及的技能	10			
	过程方法	能够根据教师的授课有针对性地运用各种学习方法，并根据任务实际情况选择创新性的学习方法	10			
	情感态度	培养良好的学习兴趣，发扬团队合作精神，体验成功的喜悦，树立正确的职业道德观和价值观	10			
学习方式	资料查找	能够在课前、课中、课后利用各种渠道搜集资料，确保所搜集的资料准确、全面、系统	10			
	小组合作	能够积极有效参与小组合作、讨论，承担任务，配合组员完成小组整体任务	20			
	实践探究	能够通过动手操作，参与实践体验活动，运用各种方法发现问题、分析问题、解决问题	20			
学习成果	成果内容	成果内容完整、丰富、有条理、有层次、形式多样化	10			
	成果展示	能够充分展现成果内容，展示过程清晰，表达方式丰富且有一定的创新性	10			
合计		85～100 分为优秀；75～85 为良好； 60～75 分为合格；60 分以下为不及格	100			

项目小结

通过本项目的学习，了解了卖场主题促销活动的类型，学会了简单主题促销活动方案的设计；根据所选择的促销主题，能够选择合适的商品进行重点促销，对促销商品选择最佳的陈列方式；重点掌握运用橱窗陈列展示，能够对主要促销商品进行小型宣传海报的设计与制作，能够对整个主题促销活动设计并制作大型宣传海报。

组织开会

项目背景

卖场会议的开展是卖场管理工作的重要内容，店长作为卖场管理者，应当熟知卖场各种会议的程序并掌握召开会议的各项技能，本项目将介绍卖场常见会议的类型、作用及程序，通过各种会议的开展渗透会务组织、工作安排、工作总结等技能的学习和训练。

学习目标

1. 了解卖场的主要会议类型。
2. 理解各种会议的作用。
3. 掌握早会等会议的开展流程。
4. 掌握会议的记录要求。
5. 掌握会议的评估和落实流程。

任务一　卖场会议的类型和作用

任务要求

了解卖场的主要会议类型、作用，掌握早会等会议的开展流程。

任务情景

卖场的运作需要通过会议来实现工作的安排、总结、交流，及时解决实际问题，因此李敏要确定悦民卖场日常需要开展哪些会议，同时明确各个会议开展的必要性和流程。我们该如何帮助李敏确定卖场的主要会议类型，熟知各个会议开展的流程呢？

任务实践

步骤一　组建小组，每组 5 至 6 人，选出组长，由组长分配任务，通过查阅资料及小组讨论罗列出卖场的主要会议类型有哪些，它们各自的作用是什么。

1. 卖场早会

卖场早会召开的目的主要在于安排好一天的工作，传达卖场的各项信息、政策等。卖场必须做好早会的策划工作，以保障一天工作的顺利开展。

2. 卖场月度例会

卖场月度例会相当重要，它承前启后，可以提升管理水平，增强执行能力，激发创新意识，加强团队的凝聚力和合作精神。

3. 卖场顾客座谈会

卖场的服务对象是顾客，顾客的满意程度对卖场的经营前景至关重要，因此可以通过顾客的座谈会，积极听取顾客的意见和建议，以此提高卖场的管理和服务水平。

4. 卖场临时会议

卖场在经营管理中难免会遇到一些突发事件，作为一种响应机制的开始，最有效的应该是及时召开临时会议，制定好解决问题的方案和措施。

步骤二　以卖场早会为例，各小组通过查阅资料及小组讨论完成卖场早会的准备工作，各小组开展活动，完成课堂记录表 2－1 的填写。

表 2－1　　**卖场早会的准备工作**

准备事项	具体内容	完成情况
确定早会时间		
确定早会站姿、问候语、口号及主持人		
明确主持要求及主持流程		
准备早会所需物品		
确定早会讨论内容		
设计早会议程		

步骤三 完成早会的各项准备工作后，各小组根据早会流程分组开展早会模拟演练，完成课堂记录表2-2的填写。

表2-2　　卖场早会的具体流程

环节名称	具体内容	完成情况
确认出勤		
齐唱歌曲（高喊口号）		
分享感想		
总结工作		
安排工作		
明确要求		
传达信息		
交代事项		

步骤四 各小组完成卖场早会模拟演练后，有选择地进行发言、交流、展示。

早会方案交流展示案例如下所示：

悦民卖场早会方案

一、会前准备

（一）整队问好

要求员工在30秒内集合完毕，以画好的横线为列队依据，并保持好标准站姿。

店长整队并问好：请大家在30秒内集合完毕！以××为基准，向左（向右向中）看齐，稍息，立正！各位亲爱的员工，大家早上好！员工回应：好！很好！非常好！

（二）工作提示

店长提出当日如有问题可及时向其反馈处理。

（三）点名整理

(1) 点到名的员工听到点名后需喊“到!”

(2) 男员工工作装整洁无褶皱，领带、工牌（卡）佩戴到位，发型整洁、无蓄须，立正站位；女员工工作装整洁无褶皱，丝巾、工牌（卡）佩戴到位，发型整洁、化淡妆、盘发，立正站位。

二、卖场文化强化

让我们以饱满的热情，齐声高喊卖场口号：

领读：我们的愿景是……

员工：引领时尚潮流，打造生活品位；

领读：我们的使命是……

员工：创一流名店，做一流团队；

领读：我们的服务观是……

员工：服务无止境；

……

三、新闻早读

本行业内有关政策、法律、法规的调整及规定，新闻媒体对行业内有关事件的报道等。

四、总结安排

(1) 销售数据分析，包括销售实际达成率、零售情况等分析。

(2) 昨日卫生情况、商品抽查、货物陈列、顾客服务、仪容仪表、缺勤情况等。

(3) 卖场重大事件或动向，节日活动安排等。

五、工作期望

(1) 针对近期出现的矛盾、投诉等问题，对妥善、圆满处理的员工给予表扬。

(2) 对工作技能有提升的员工给予鼓励。

六、晨操运动

七、集合入场

八、整理迎宾

知识探究

一、卖场早会

(一) 卖场早会的含义

早会是卖场管理的重点工作，做好早会工作才能更好地做好卖场的管理工作。早会首先可以传播公司的企业文化，进而改变员工的思想、行为和观念，培养员工良好的工作习惯；其次可以提升管理者的素养，从而营造良好的卖场工作氛围。

（二）卖场早会的流程

（1）会前准备。

（2）卖场文化强化。

（3）早读新知。

（4）昨日工作总结及今日工作计划安排。

（5）工作期许。

（6）晨操时间。

（7）集合及带队入场。

（8）卫生清洁后迎宾。

二、卖场月度例会

（一）卖场月度例会的含义

月度例会在于检查卖场日常运营情况，规范公司管理，促进卖场员工之间的沟通与合作，旨在提高卖场各部门工作效率，提醒工作进度。在月度例会中往往会提出改进和拓展性工作方案，以便更好地协调各部门的工作进度、人员调配等。

（二）卖场月度例会的流程

（1）确定参会人员。

（2）发布会议通知。

（3）准备会议资料。

（4）进行会议讨论。

（5）撰写会议纪要。

三、卖场顾客座谈会

（一）卖场顾客座谈会的含义

顾客座谈会是顾客调研的一种方式，是卖场了解用户对产品的意见与建议和发现产品利益开发点的重要途径。座谈会要立足于解决实际问题，准确邀请参加座谈会的顾客，合理准备访谈提纲，谈话过程中要充分发挥询问者的才能，仔细做好记录和会后总结。

（二）卖场顾客座谈会的流程

（1）确定座谈周期。
（2）选择参加座谈会的顾客。
（3）会议准备。
（4）积极发言。
（5）要点记录。
（6）总结反馈。

四、卖场临时会议

（一）卖场临时会议的含义

卖场临时会议也称特别会议，是指除了早会、月度例会等常规会议外，在必要的时候，应对突发性事件、矛盾、纠纷，或者临时开展促销等活动时，由店长提议而召开的全体或部门员工会议。

（二）卖场临时会议的流程

（1）发生事件。
（2）发布通知。
（3）会议讨论。
（4）制定方案。
（5）执行检查。

任务二 卖场会议的记录

任务要求

通过会议记录表的设计，掌握会议内容记录、问题概括和会议总结的方法。

任务情景

李敏为了更好地开展各种卖场会议，发挥会议应有的作用，需要设计一份会议记录表，同时将会议的主要内容记录下来，概括出会议中讨论的各个问题，商讨应对策略，最后做好会议总结。

任务实践

步骤一 组建小组，每组5至6人，选出组长，由组长分配任务，通过查阅资料及小组讨论设计出卖场会议记录表。

步骤二 各小组展示本组设计的会议记录表，通过自述、组间互评、教师点评的方式，评选出最佳会议记录表。如表2-3所示。

表2-3 **悦民卖场会议记录表**

<table>
<tr><td>会议类型</td><td colspan="4"></td></tr>
<tr><td>会议主题</td><td colspan="4"></td></tr>
<tr><td>会议主持</td><td colspan="4"></td></tr>
<tr><td rowspan="2">会务</td><td>会议时间</td><td colspan="2">开始：</td><td>结束：</td></tr>
<tr><td>会议地点</td><td></td><td>会议记录</td><td></td></tr>
<tr><td>参会人员</td><td colspan="4"></td></tr>
<tr><td colspan="5">会议内容</td></tr>
<tr><td>发言人</td><td colspan="4">内　容</td></tr>
<tr><td></td><td colspan="4"></td></tr>
<tr><td></td><td colspan="4"></td></tr>
<tr><td></td><td colspan="4"></td></tr>
<tr><td></td><td colspan="4"></td></tr>
<tr><td></td><td colspan="4"></td></tr>
<tr><td colspan="5">问题概括</td></tr>
<tr><td>问　题</td><td colspan="4">问题描述</td></tr>
<tr><td></td><td colspan="4"></td></tr>
<tr><td></td><td colspan="4"></td></tr>
<tr><td></td><td colspan="4"></td></tr>
<tr><td></td><td colspan="4"></td></tr>
</table>

会议总结	
会议审阅	签字：

步骤三　教师播放一段卖场会议视频，要求各小组按照之前确定的会议记录表对会议进行记录，结束后各小组展示本组完成的记录表，其中重点阐述会议讨论中提出了哪几个需要解决的问题。

会议记录范文如下所示：

×××公司会议记录

时间：20××年×月××日星期×

会议地点：×××

会议主持人：×××

会议记录人：××

出席人：公司各部门人员

缺席：×人

会议内容：

公司召开了业务会议，为了公司的良好发展，提出了以下内容。

×××经理提出：

1. 关于公司人员的重新分配，从今天开始，×××着重投入网络的优化，做好网页的宣传，而新入职的办公室助理则接手×××之前担任的行政工作，其他人继续做好自己的岗位工作。

2. 严格管理业务部，业务是最重要的模块，要加大投入力度抓好各项工作。

3. 严格执行考勤制度，遵守打卡制度，一个月内迟到两次要扣除相应的工资，如有特殊情况，须提前请假。

4. 座位重新编排，把业务部人员安排在一起，形成一个严谨、规范的管理体系。

5. 最后，设置一个专门对外接受咨询的QQ，每天由×××负责管理，然后由其将相关业务分派给业务员，到月末统计通过QQ咨询了解公司产品和信息的客户人数。这样有利于确定加大还是保持公司对相关业务的投入力度。

总经理××提出：

1. 加强生产、销售，销售是重点，需要用心做，另外还提议员工多走车间，这样可从中更好地了解产品的参数和构造。

2. 对商品的投放力度要加大，努力优化网站。

3. 对于外贸业务，需对其进行更加详细的细化、整理。

最后，×××总结出做业务最重要的是快和专业。

×××提出：

1. 由于下班后在办公室没有业务员的情况下仍然有电话打进，建议将电话转接到业务员的手机，以便及时接到电话。

2. 办公室的整洁有序要靠大家的努力，小到每个人的座位，大至公司的财产，每个人都要用心去爱护。

3. 同事之间可互相提建议，以做到一起进步。

最后，×××总结了今天的会议内容，每一个员工都需要用心投入，付出与收获是成正比的，公司的发展离不开每一位员工的努力。

任务三　卖场会议的评估和落实

任务要求

通过制定会议评估标准，对会议进行评估，确立会议落实流程，针对会议中发现的问题制定解决方案，跟踪执行，直到最终解决。

任务情景

李敏认为卖场会议后对会议的评估以及会议内容的落实非常重要，这将直接决定会议的效果，如果会后没有跟踪执行，一切会议的筹备和开展所做的努力将付诸东流。因此李敏要求卖场建立一套会议评估标准和落实流程。让我们共同来为李敏提供一套有关会议评估和落实的方案吧。

任务实践

步骤一　组建小组，每组5至6人，选出组长，由组长分配任务，通过查阅资料及小组讨论，从会议参与者的角色出发，提供若干会议评估项目。各小组发言，教师点评，确定会议评估的项目。

(1) 店长评估。

(2) 主持人评估。

(3) 发言人评估。

(4) 与会人员评估。

(5) 总体评价。

步骤二　根据既定的评估项目，各小组制定各项目的具体评估标准，各小组交换意见，教师点评，确定具体的评估标准，如表2-4所示。

表2-4　**会议评估表**

评估项目	具体评估标准
店长评估	店长是卖场的主管，在各种类型的会议中，店长势必会做工作汇报、安排和总结，是关系到会议能否顺利进行、成功与否的关键人物，同时也是实现会议有效性的重要人物，因此店长对会议过程中的状态进行自我评估显得尤为重要。具体参考标准如下： 1. 员工能否听懂店长的汇报和总结，能否宏观上把握，微观上理解； 2. 店长发言时精神是否放松，情绪是否高涨，注意力是否集中，能否感染到与会人员； 3. 店长的发言能否吸引与会人员的注意力，能否引发他人的思考； 4. 店长做报告时，与会人员是否有互动并积极发表意见
主持人评估	主持人是每次会议顺利进行的引导者和润滑剂，会议过程是否流畅，会场气氛是否融洽和活跃，都需要主持人来调动。主持人除了自身的魅力外更需要临场的应变能力。具体参考标准如下： 1. 主持人形象是否恰当，精神状态是否良好； 2. 主持时精神是否放松，言语是否有激励性，声音是否有穿透力； 3. 主持词能否实现会议各个议程的有效衔接，以及会议过程的紧凑和高效； 4. 能否用巧妙的语言使会场气氛保持活跃，充分调动与会人员的积极性，引发思考、讨论和发言

续前表

评估项目	具体评估标准
发言人评估	发言是会议过程中就某一问题表达观点的主要方式，是能否进行有效思考与讨论的最佳表现形式，在发言表达观点的基础上进行意见的收集和统一，是最终形成决策方案的前提。具体参考标准如下： 1. 发言的积极性和发言者的数量； 2. 发言人有没有表述合理的观点； 3. 发言人有没有形成充足的理由支持观点； 4. 发言人的观点可否形成统一意见
与会人员评估	对与会人员的评估，主要是评价他们的会议参与度，他们参与度的高低将直接影响会议的有效性，具体参考标准如下： 1. 与会人员的参会态度和精神风貌； 2. 与会人员是否认真聆听、积极思考； 3. 与会人员是否展开激烈讨论； 4. 与会人员是否积极发言、发表观点
总体评价	通过会议是否发现实际问题，通过讨论、发言是否对问题进行有效分析并形成统一观点，从而形成策略或方案去解决问题

步骤三 结合任务二中完成的会议记录表，以解决会议中提出的各个问题为出发点，各小组通过查阅资料和讨论设计出落实会议的流程，包括流程的环节和具体内容。

知识探究

落实会议的流程如表 2-5 所示。

表 2-5　　落实会议的流程

环节名称	具体内容
存在问题的整理	店长应该清楚地认识到卖场各类会议召开的目的，除了布置任务外，更重要的是通过会议以及卖场运营的现状或者现象，分析得出存在的问题，有些问题单凭店长个人是无法想到的，因此，对于会议中反映出的一些有价值的信息，店长应当及时把握和整理，以问题的形式逐个罗列出来，并做好记录
解决方案的制订	对于会议中整理出的各个问题，应当及时制定针对性的方案，并制订好方案的实施计划，确定总体目标，分工明确，责任到人
解决方案的执行	根据制定的方案，按照进度表，各部门相关人员严格落实执行，通过分目标的逐个实现最终解决存在的问题

续前表

环节名称	具体内容
方案执行的监督	在方案的执行过程中，店长有必要对各部门人员的执行过程进行监督和考核，通过卖场的巡查、座谈会、阶段性报道等方式，了解员工的执行力度和精神状态，及时改进销售状况，以保证方案的有效完成
执行方案的修整	店长在对方案执行的监督过程中，如发现弊端或方案难以继续执行时，应当对原有方案进行修整，包括目标、时间、方式、人员等的及时调整
执行效果的评估	方案最终执行完成时，店长需要对方案的执行效果进行评估，即方案的执行能否解决实际问题，能否实现既定目标，能否提高卖场的销售和服务质量等

项目评价

结合表 2－6，参照各个项目及指标，从自评、互评、师评三方面对本项目的学习情况作出综合评定。

表 2－6　　项目学习评价表

项目	指标	评价内容	分值	自评	互评	师评
学习目标	知识技能	能够了解、理解项目所涵盖的知识点，掌握项目所涉及的技能	10			
	过程方法	能够根据教师的授课有针对性地运用各种学习方法，并根据任务实际情况选择创新性的学习方法	10			
	情感态度	培养良好的学习兴趣，发扬团队合作精神，体验成功的喜悦，树立正确的职业道德观和价值观	10			
学习方式	资料查找	能够在课前、课中、课后利用各种渠道搜集资料，确保所搜集的资料准确、全面、系统	10			
	小组合作	能够积极有效参与小组合作、讨论，承担任务，配合组员完成小组整体任务	20			
	实践探究	能够通过动手操作，参与实践体验活动，运用各种方法发现问题、分析问题、解决问题	20			
学习成果	成果内容	成果内容完整、丰富、有条理、有层次、形式多样化	10			
	成果展示	能够充分展现成果内容，展示过程清晰，表达方式丰富且有一定的创新性	10			
合计		85～100 分为优秀；75～85 为良好； 60～75 分为合格；60 分以下为不及格	100			

项目小结

通过本项目的学习，了解了卖场会议的类型主要有早会、月度例会、顾客座谈会以及临时会议等，理解了各种会议开展的必要性，掌握了各种会议开展的流程。在教学情境中通过分组合作、讨论学习、展示评估等方式使学生熟练掌握有关卖场会议的组织、主持、记录、评估等方面的技能，工作安排及总结等技能渗透在会务技能的学习当中，为后续内容的学习做了很好的铺垫。

项目三 销售盈亏核算

项目背景

管理是企业（卖场）永恒的主题，利润是企业最终追求的目标。准确地核算卖场盈亏，是个极其重要的问题。如果一个卖场是盈是亏都计算不准，必然导致经营决策失误。

销售分析模型是以销售计划完成情况分析为前提，销售盈亏分析为核心，销售变动趋势、市场竞争力分析为辅助有机结合的模型。

学习目标

1. 掌握卖场销售计划的完成情况，进行销售盈亏分析。
2. 掌握市场竞争能力分析的方法。
3. 学会使用 Microsoft Excel 绘制各种类型的图表。

任务一 销售盈亏分析

任务要求

1. 用表格分析计划完成情况。
2. 用表格分析盈亏情况。
3. 用图形分析销售变动趋势。

任务情景

李敏是悦民卖场的店长，他和同事需要对 2018 年上半年卖场的销售盈亏进行分析，为下半年工作做好安排。卖场数据如下：

悦民卖场面积 200 平方米，员工 12 人，内设蔬菜组、服装组、化妆品组。主要岗位有店长、组长、营业员、收银员等。悦民卖场全年销售计划是 900 万元，利润 100 万元，如表 3－1 所示。

表 3－1　　2018 年销售任务分解表　　单位：万元

柜组	1月	2月	3月	4月	5月	6月	7月	8月	9月	10月	11月	12月	合计
蔬菜	22	18	19	18	18	16	17	16	19	18	20	21	222
服装	32	28	27	33	30	29	25	26	29	31	32	33	355
化妆品	30	24	27	23	27	25	24	25	30	26	28	34	323
合计	84	70	73	74	75	70	66	67	78	75	80	88	900

店长：________　　日期：________

任务实践

步骤一　组建小组，每组 5 至 6 人，选出组长。组长分配任务，通过查阅资料及小组讨论探讨卖场销售盈亏分析需要用到哪些数据，并进行资料的收集整理。

截至 2018 年 6 月底，蔬菜组实现销售额 125 万元，服装组实现销售额 185 万元，化妆品组实现销售额 170 万元，全店实现销售额 480 万元，如表 3－2 所示。

表 3－2　　销售收入汇总表

店铺：悦民卖场　　2018 年 1—6 月　　单位：万元

柜组	1月	2月	3月	4月	5月	6月	合计
蔬菜	24	18	21	20	21	21	125
服装	32	29	30	34	30	30	185
化妆品	32	24	30	28	29	27	170
合计	88	71	81	82	80	78	480

悦民卖场近三年 1—6 月销售收入情况如表 3－3 所示。

表 3-3　　2016—2018 年上半年销售收入汇总表

店铺：悦民卖场　　单位：万元

年度	1月	2月	3月	4月	5月	6月	合计
2016	70	61	65	70	58	78	402
2017	80	70	65	72	66	68	421
2018	88	71	81	82	80	78	480
合计	238	202	211	224	204	224	1 303

步骤二　由组长分配小组各成员角色，计算门店和柜组各月实际销售额与计划销售额之间的增减额和增减率，各小组编制销售计划完成情况分析表。

根据《悦民卖场 2018 年销售任务分解表》，查找悦民卖场蔬菜组、服装组、化妆品组 1—6 月计划完成销售额，完成表 3-4 的填写。

表 3-4　　2018 年 1—6 月计划完成销售额

柜组	1月	2月	3月	4月	5月	6月	合计
蔬菜							
服装							
化妆品							
合计							

根据悦民卖场 2018 年上半年各组的销售收入汇总表（见表 3-2）和 2018 年上半年销售收入汇总表（见表 3-3），完成表 3-5 的填写。

表 3-5　　销售完成情况分析表

店铺：悦民卖场　　2018 年 6 月　　单位：万元

柜组 月份	蔬菜				服装				化妆品				合计			
	计划	实际	增减额	完成率(%)	计划	实际	增减额	完成率(%)	计划	实际	增减额	完成率(%)	计划	实际	增减额	完成率(%)
1																
2																
3																
4																
5																
6																
合计																

步骤三 各小组按组长分工对销售计划完成情况、销售盈亏情况、销售变动趋势进行分析。

1. 查找销售成本资料计算销售成本

蔬菜组销售成本：____________________

服装组销售成本：____________________

化妆品组销售成本：__________________

2. 根据资料分摊期间费用

固定资产折旧费 30 万元，水电费 22 万元；销售费 22 万元。

（1）分摊折旧费 30 万元：

折旧费分摊率：________________________

蔬菜组分摊折旧费：__________________

服装组分摊折旧费：__________________

化妆品组分摊折旧费：________________

（2）分摊水电费 22 万元：

水电费分摊率：______________________

蔬菜组分摊水电费：__________________

服装组分摊水电费：__________________

化妆品组分摊水电费：________________

（3）分摊销售费 22 万元：

销售费分摊率：____________________

蔬菜组分摊销售费：________________

服装组分摊销售费：________________

化妆品组分摊销售费：______________

3. 计算卖场盈亏

计算卖场盈亏，如表 3－6、表 3－7 所示。

表 3－6 **利润表**

店铺：悦民卖场 2018 年 1—6 月 单位：万元

项目	累计发生额
一、营业收入	
减：营业成本	
营业税金及附加	
销售费用	

续前表

项目	累计发生额
管理费用	
财务费用	
二、营业利润	
加：营业外收入	
减：营业外支出	
三、利润总额	

表 3－7　　各柜组利润计算明细表

店铺：悦民卖场　　2018 年 1—6 月　　单位：万元

项目	柜组			
	蔬菜	服装	化妆品	合计
销售收入	125	185	170	480
减：销售成本				
期间费用				
销售利润				

4. 盈亏分析判断

步骤四　根据以上数据，各小组按组长分工，用 Microsoft Excel 绘制完成各种类型的图表。

（1）查找卖场本年度实际销售收入数据，绘制 2018 年 1—6 月悦民卖场销售变动趋势图。

（2）查找卖场各柜组实际销售数据，绘制 2018 年 1—6 月三个柜组销售变动趋势图。

（3）查找历年各柜组实际销售收入数据，绘制三个柜组 2016 年、2017 年、2018 年的上半年销售变动趋势图。

（4）查找历年各柜组实际销售收入数据，绘制卖场 2016 年、2017 年、2018 年上半年总的销售变动趋势图。

知识探究

销售计划完成情况分析是通过对实际销售额与计划销售额的比较，判断销售计划的完成情况。分析步骤：一是查找《销售任务分解表》中门店和柜组的计划销售额，以及《销售收入汇总表》中门店和柜组的实际销售额；二是编制销售计划完成情况分析表，分析门店和柜组在一定时期内的实际与计划的增减额和完成率；三是判断门店和各柜组计划完成情况，若增减额大于零，或完成率大于100%，则表示完成了销售计划，否则表示未完成。

通过本期完成的销售额和本期销售计划的对比计算出销售目标完成率。

销售目标完成率=（本期完成的销售额/本期销售计划）×100%

销售盈亏分析综合反映卖场销售收入、进货成本、期间费用的关系，是反映卖场获利水平、管理水平、拓展能力的综合指标。

销售盈亏分析数据的主要来源：销售收入汇总表、成本汇总表、费用汇总表等。

柜组发生的直接费用直接计入销售成本，间接费用是各柜组共同耗用的，各柜组按照相应的比例进行分摊。

判断企业盈亏的标准：销售利润>0，卖场当期盈利；销售利润<0，卖场当期亏损；销售利润=0，卖场盈亏持平。

任务二 市场竞争力分析

任务要求

1. 掌握计算绝对占有率的方法。
2. 会用 Microsoft Excel 软件制作“门店销售额的绝对占有率汇总表”。
3. 掌握绘制销售额绝对占有率图的技能。
4. 掌握计算门店各柜组相对占有率的技能。

任务情景

悦民卖场所在街区有两个竞争对手：竞争对手 A 和竞争对手 B。其中，竞争对手 A 2018 年上半年的销售额为 380 万元，竞争对手 B 2018 年上半年的销售额为 450 万元。整个街区上半年的销售总额为 2 800 万元，如表 3-8 所示。

表 3-8　　2018 年 1—6 月各门店销售额汇总表　　单位：万元

门店	1月	2月	3月	4月	5月	6月	合计
悦民卖场	88	71	81	82	80	78	480

续前表

门店	1月	2月	3月	4月	5月	6月	合计
对手A	72	71	65	59	57	56	380
对手B	75	79	69	73	78	76	450
其他	355	235	248	210	207	235	1490

任务实践

步骤一　组建小组，每组5至6人，选出组长，由组长分配任务，分析2018年上半年悦民卖场的市场绝对占有率。

汇总各门店2018年1—6月的销售总额，并计算各门店1—6月的市场绝对占有率，如表3-9所示。

表3-9　**销售额的绝对占有率汇总表**

2018年1—6月　单位：万元

门店名称	1—6月销售额	绝对占有率
悦民卖场		
对手A		
对手B		
其他		
合计		

步骤二　用Microsoft Excel制作2018年1—6月销售额绝对占有率图。

步骤三　选取最强竞争对手B，计算悦民卖场1—6月各柜组的相对占有率，如表3-10所示。

表3-10　**相对占有率汇总表**

2018年1—6月　单位：万元

柜组	街区	对手B		悦民卖场		
	总销售额	销售额	绝对占有率	销售额	绝对占有率	相对占有率
蔬菜						
服装						
化妆品						
合计						

知识探究

市场竞争力是门店营销理念、营销策划、顾客服务、社会责任的综合体现。通常用市场绝对占有率和市场相对占有率来表示。市场绝对占有率是指某门店在一定时间和空间内的整体市场中所占的份额，用门店销售额占门店所在街区的销售总额的百分比来表示；市场相对占有率是指本门店某产品的市场占有率与同行中最大竞争者的市场占有率之比。市场相对占有率以 1.0 为界分为高、低两个部分。

在进行市场竞争能力分析时，要特别关注和收集街区的销售数据以及最强竞争对手的销售数据。

市场占有率越高，即在市场销售总额中所占的份额越大，说明该卖场竞争能力越强，在市场竞争中占有优势地位。

$$某卖场的市场占有率=\left(\frac{该卖场某一时期的销售量}{该类型卖场某一时期的总销售量}\right)\times 100\%$$

项目评价

结合表 3－11，参照各个项目及指标，从自评、互评、师评三方面对本项目的学习情况作出综合评定。

表 3－11　　项目学习评价表

项目	指标	评价内容	分值	自评	互评	师评
学习目标	知识技能	能够了解、理解项目所涵盖的知识点，掌握项目所涉及的技能	10			
	过程方法	能够根据教师的授课有针对性地运用各种学习方法，并根据任务实际情况选择创新性的学习方法	10			
	情感态度	培养良好的学习兴趣，发扬团队合作精神，体验成功的喜悦，树立正确的职业道德观和价值观	10			
学习方式	资料查找	能够在课前、课中、课后利用各种渠道搜集资料，确保所搜集的资料准确、全面、系统	10			
	小组合作	能够积极有效参与小组合作、讨论，承担任务，配合组员完成小组整体任务	20			
	实践探究	能够通过动手操作，参与实践体验活动，运用各种方法发现问题、分析问题、解决问题	20			

续前表

项目	指标	评价内容	分值	自评	互评	师评
学习成果	成果内容	成果内容完整、丰富、有条理、有层次、形式多样化	10			
	成果展示	能够充分展现成果内容，展示过程清晰，表达方式丰富且有一定的创新性	10			
合计		85～100 分为优秀；75～85 为良好； 60～75 分为合格；60 分以下为不及格	100			

项目小结

通过本项目的学习，了解了卖场销售盈亏分析和竞争能力分析的方法，学会了使用 Microsoft Excel 绘制各种类型的图表。

在教学情境中通过分组合作、讨论学习、展示评估等方式使学生熟练掌握了使用 Microsoft Excel 绘制各种类型图表的技能，为后续内容的学习做了很好的铺垫。

项目四　应急处理

项目背景

卖场除正常的营运作业外，有时也会发生突发事件，其危害之大是不可估量的。因此为减少和降低财产和人员的伤亡，商场经营管理人员必须具备相应的能力和素质，以迅速、有效地处理紧急事件，进行抢救作业。紧急事件多属于意外事件，情况紧急，处理需要专业知识，所以必须预先成立紧急应变小组，并对小组成员进行有组织的分工和训练有素的培训，以将损失降到最低。

学习目标

1. 掌握卖场火灾应急处理流程。
2. 掌握卖场偷盗应急处理流程。
3. 掌握卖场停电应急处理流程。
4. 掌握顾客突发情况应急处理流程。

任务一　卖场火灾应急处理

任务要求

1. 掌握卖场火灾应急处理流程，能进行应急岗位关键任务安排。
2. 报警与通报语言要规范。
3. 掌握灭火器材的使用方法。

任务情景

李敏是悦民卖场的店长，店长负责全店的管理工作，蔬菜组、服装组、化妆品组各有2名店员。2018年4月20日上午10点，门店发生火情，服装组区域发生衣物自燃，需进行卖场火灾情况应急处理。

任务实践

步骤一　组建小组，每组4人，选出组长，通过查阅资料学习卖场火灾情况应急处理的流程和灭火器材的使用方法与适用范围等相关内容。

卖场火灾应急处理流程如图4-1所示。

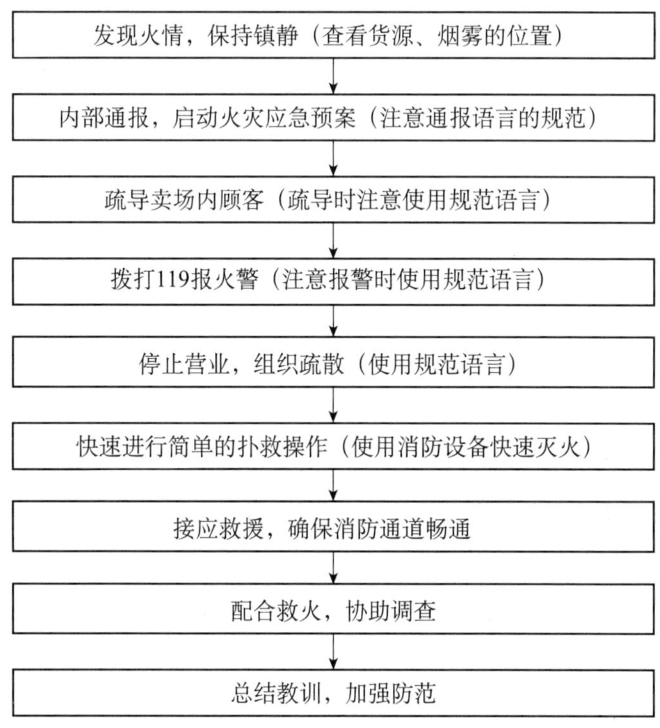

图4-1　卖场火灾应急处理流程

步骤二　由组长分配小组各成员角色并安排应急岗位关键任务。每个组员要明确任务和责任。悦民卖场火灾情况应急处理所涉及的角色及责任：

角色1：悦民卖场店长（总指挥；内部通报；疏导卖场内顾客；拨打119等）

角色2：服装组店员（发现火情，报告店长；组织服装组的顾客疏散等）

角色 3：蔬菜组店员（组织蔬菜组的顾客疏散等）

角色 4：化妆品组店员（组织化妆品组的顾客疏散等）

步骤三 模拟悦民卖场服装组区域内发生衣物自燃，进行卖场火灾情况应急处理训练，并完成表 4－1 的填写。

表 4－1 卖场火灾应急处理

流程名称	具体措施	通报语言	完成情况
发现火情，保持镇静			
内部通报，启动火灾应急预案			
疏导卖场内顾客			
拨打 119 报火警			
停止营业，组织疏散			
快速进行简单的扑救操作			
接应救援，确保消防通道畅通			
配合救火，协助调查			
总结教训，加强防范			

知识探究

一、灭火器概述

灭火器是扑灭火灾的有效器具。常见的有手提式轻水泡沫灭火器、手提式干粉灭火器、手提式二氧化碳灭火器、手提式“1211”灭火器等。如果掌握了各类灭火器的使用方法，就能正确、快速地处置初起火灾。

二、灭火器的使用方法

用手握住灭火器的提把，平稳、快捷地提往火场。在距离燃烧物 5 米的地方，拔出保险销。一手握住开启压把，另一手握住喷射喇叭筒，喷嘴对准火源。喷射时，应采取由近而远、由外而里的方法。另外，要注意以下几点：

（1）灭火时，人应站在上风处。

（2）不要将灭火器的盖与底对着人体，以防盖、底弹出伤人。

（3）不要与水同时喷射，以免影响灭火效果。

（4）扑灭电器火灾时，应先切断电源，以防相关人员触电。

（5）持喷筒的手应握在胶质喷管处，以防冻伤。

任务二 卖场偷盗应急处理

任务要求

1. 掌握卖场偷盗应急处理流程，能进行应急岗位关键任务安排。
2. 报警与通报语言要规范。
3. 掌握顾客安抚能力与现场的控制能力。

任务情景

李敏是悦民卖场的店长，店长负责全店的管理工作，蔬菜组、服装组、化妆品组各有2名店员。2018年5月28日下午2点，某顾客走进店内，未推购物车，径直走到化妆品区，不断比较各类商品的价格，并不时抬头向四周观望，最后把一款资生堂眼霜盒拆开，盒子放回货架上，而把眼霜径直放在随身携带的手包中，没有再逛其他地方，直接从无购物通道离开了超市。这一情景由门店广角摄像头记录。悦民卖场该如何处理此事件?

任务实践

步骤一 组建小组，每组4人，选出组长，通过查阅资料学习卖场偷盗情况应急处理的流程及相关法律知识。

卖场偷盗应急处理流程如图4-2所示。

1. 发现可疑迹象

卖场工作人员发现可疑对象或者其他人员举报有人偷盗时，应第一时间通知店长或同事，并秘密跟踪嫌疑人和呼叫安保人员进入卖场。

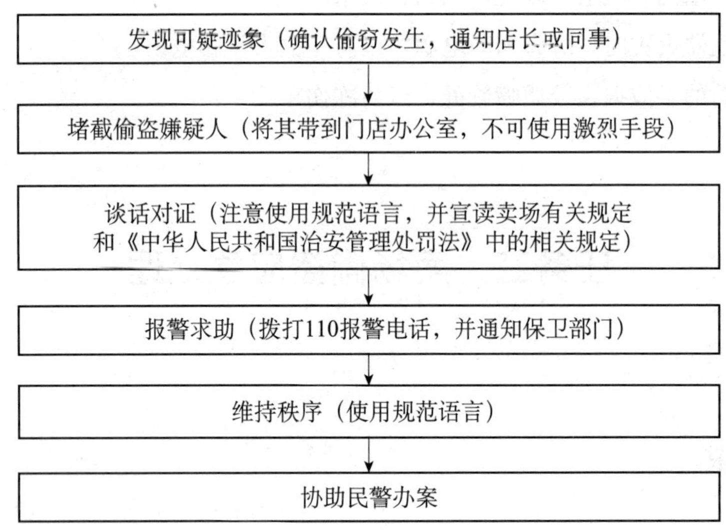

图 4－2　卖场偷盗应急处理流程

2. 堵截偷盗嫌疑人

当可疑人员准备离开卖场时，要制止。将嫌疑人平静地带到门店办公室或门店指定区域处理，不可使用激烈手段。

3. 谈话对证

在处理过程中与嫌疑人当面对证并记录，注意不能对可疑人员采取罚款、人身伤害、拘留、扣押证件等行为，并使用规范语言，如“对不起，请您到这边来好吗？”“您是否有忘记付款的商品？”此外，店员需对可疑人员宣读卖场的有关规定和《中华人民共和国治安管理处罚法》中的相关规定。

4. 报警求助

在确认偷盗嫌疑人确实实施了偷盗行为后，店长应报告派出所（拨打 110 报警电话）和保卫部门。

5. 维持秩序

发生偷盗情况时，店员应做好其他顾客的安抚工作，请大家配合，避免给顾客带来恐惧感和紧张感，保持门店正常购物秩序。

6. 协助民警办案

由民警根据《中华人民共和国治安管理处罚法》和门店的相关规定给予处理，门店工作人员可通过提供与嫌疑人谈话的内容、监控录像等协助民警办案。

步骤二　由组长分配小组各成员角色并安排应急岗位关键任务。每个组员要明确任务和责任。悦民卖场偷盗情况应急处理所涉及的角色及责任：

角色 1：悦民卖场店长（总协调，堵截偷盗嫌疑人，谈话对证，拨打 110 等）

角色 2：服装组店员（维持秩序）

角色 3：蔬菜组店员（维持秩序）

角色 4：化妆品组店员（发现可疑迹象，确认偷窃发生，通知店长或同事）

步骤三 模拟悦民卖场化妆品组发生偷盗情况，进行卖场偷盗情况应急处理训练，并完成表 4－2 的填写。

表 4－2 卖场偷窃应急处理

流程名称	具体措施	通报语言	完成情况
发现可疑迹象			
堵截偷盗嫌疑人			
谈话对证			
报警求助			
维持秩序			
协助民警办案			

知识探究

一、防范卖场偷盗的措施

（一）卖场布局和设计

顾客进出口应紧挨着。无论顾客是否购买了商品，通道的设置都应使顾客必须通过唯一的一个入口和出口。

（二）防盗式的商品陈列

卖场前部的陈列不应挡住收银员投向收款台后面的通道及顾客流动区域的视线，必须能从所在的位置看清卖场的情况。体积小、价值高的商品，必须放置在收银员看得到或偷盗者很难有机会藏匿的地方。对那些偷盗者喜欢偷的商品，最好陈列在卖场靠里的货架端头或其他安全的位置。

（三）超市员工防盗能力训练

（1）将停止收款的出口关闭，使顾客从有收银员值班的收款台通过。

（2）多个收款台同时关闭时，要维持好消费者排队结算的秩序。

（3）留意形迹可疑的人，必要时可派专人观察。

（四）收银员的防盗训练

（1）检查购物车的底端，确保没有小物品藏于其下。

（2）检查大包装商品，以防藏匿小商品。

（3）检查顾客手中的报纸杂志，防止藏匿扁平商品，如贺年卡等。

（4）防止以次换好，对将低价商品条码粘贴在高价商品上的情况保持警觉。

（5）进行收款录入时，如有顾客不住地谈话，要保持警惕。

（6）无顾客结账时，要经常扫视出口处及通道。

（7）当对一个顾客产生怀疑时，要保持冷静和礼貌，并通知主管或超市负责人。

（8）注意装粮食、纸巾卷等包装的重量并检查包装上的破裂处和小孔，因为偷盗者可能会用这类包装物藏匿小商品。

（9）若发现有小孩在吃超市里的食品，而其父母佯装不知，应采取主动和善的态度进行提醒，以达到收回货款的目的。

二、偷盗者的掩藏方法

（一）调包掩藏法

把已买过单的低价物品趁工作人员不注意时从包装袋内拿出调换高价物品。

（二）衣服掩藏法

这是一种运用特制的衣服掩藏偷盗商品的方法。

（三）假冒身份法

有的偷盗者会以假冒政府工作人员身份的方式来实施骗局。其通常会要求商家将商品搬到其他卖场进行销售从而实施偷窃。

另外还有购物袋掩藏法、钱包掩藏法、婴孩车掩藏法等。

三、偷窃的处理方式

（一）和解处理

对于偷窃情节较轻、金额较少或未成年人盗窃者，一般给予严厉的教育和警告，并记录在档。

（二）报警处理

对于惯偷、同伙盗窃或态度恶劣者，应严厉教育后报警处理。

任务三　卖场停电应急处理

任务要求

1. 掌握卖场停电应急处理流程，能进行应急岗位关键任务安排。
2. 通报语言要规范。
3. 掌握停电现场的应变能力和顾客安抚能力与控制能力。

任务情景

李敏是悦民卖场的店长，店长负责全店的管理工作，蔬菜组、服装组、化妆品组各有2名店员。2018年6月3日晚上8点，门店突然停电，店内漆黑，顾客慌乱，需进行卖场停电情况应急处理。

任务实践

步骤一　组建小组，每组4人，选出组长，通过查阅资料学习卖场停电情况应急处理的流程及相关内容。

卖场停电应急处理流程如图 4－3 所示。

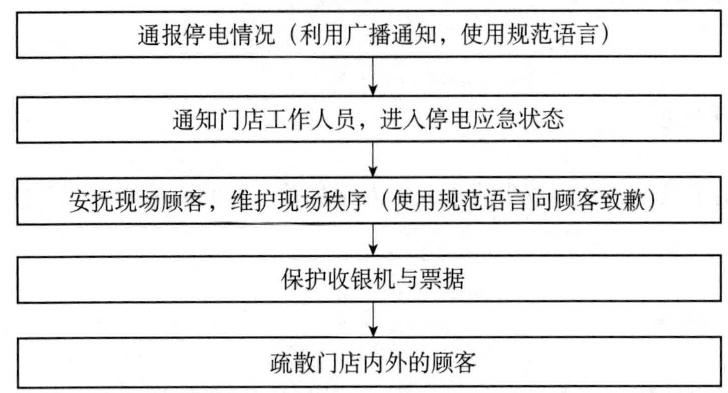

图 4－3　卖场停电应急处理流程

保护收银机与票据：停电后，收银机自有电源可维持供电约 30 分钟，店员可完成当前交易；完成后，要关闭收银机，并将所有单据、现金及其他重要票据锁进收银台，收银工作人员应坚守自己的岗位，不得离岗串岗，听从店长指挥。

步骤二　由组长分配小组各成员角色并安排应急岗位关键任务。每个组员要明确任务和责任。悦民卖场停电情况应急处理所涉及的角色及责任：

角色 1：悦民卖场店长（总协调，通报停电情况，维护现场秩序、保护收银机与票据等）

角色 2：服装组店员（安抚现场顾客、维护现场秩序）

角色 3：蔬菜组店员（安抚现场顾客、维护现场秩序）

角色 4：化妆品组店员（安抚现场顾客、维护现场秩序）

步骤三　模拟悦民卖场发生停电情况，进行卖场停电情况应急处理，并完成表 4－3 的填写。

表 4－3　卖场停电应急处理具体流程

流程名称	具体措施	通报语言	完成情况
通报停电情况			
通知门店工作人员，进入停电应急状态			
安抚现场顾客，维护现场秩序			
保护收银机与票据			
疏散门店内外的顾客			

知识探究

电梯停电突发事件处理程序包括以下两种情况：

一、直梯停电情况

（1）首先通过电梯间的应急电话告诉顾客不要惊慌，保持冷静。

（2）立即通知物业部门进行故障排查。

（3）安抚顾客。

（4）故障排除后，向顾客道歉。

（5）填报故障处理单。

二、扶梯停电情况

（1）立即赶到扶梯口疏导顾客，并让其保持冷静，避免发生意外伤害。

（2）如发生意外伤害，要进行现场保护，并拍摄现场情况，同时立即采取现场急救措施。

（3）跟进事件进展，圆满解决问题。

（4）填报故障处理单。

任务四　顾客突发情况应急处理

任务要求

1. 掌握卖场顾客突发情况应急处理流程，能进行应急岗位关键任务安排。
2. 报警与通报语言要准确。
3. 掌握现场顾客的安抚能力与控制能力。

任务情景

李敏是悦民卖场的店长，店长负责全店的管理工作，蔬菜组、服装组、化妆品组各有2名店员。2018年7月15日下午3点，门店蔬菜组区域内一名顾客突发心脏病，需进行意外突发情况应急处理。

任务实践

步骤一 组建小组，每组4人，选出组长，通过查阅资料学习卖场顾客发生突发情况应急处理的流程及相关内容。

顾客突发情况应急处理流程如图4-4所示。

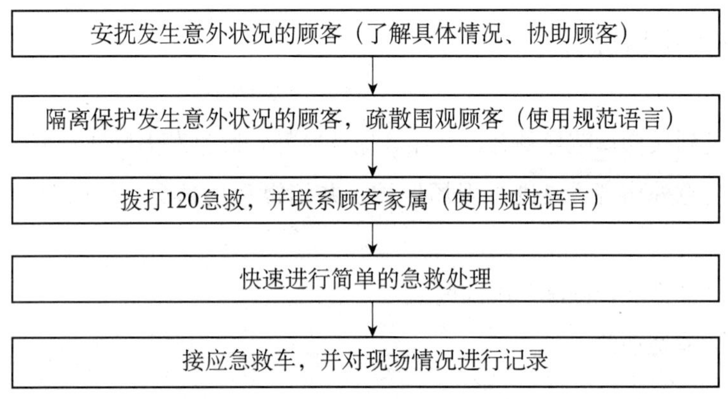

图4-4 顾客突发情况应急处理流程

步骤二 由组长分配小组各成员角色并安排应急岗位关键任务。每个组员要明确任务和责任。悦民卖场发生顾客突发情况应急处理所涉及的角色及责任：

角色1：悦民卖场店长（总协调，拨打120急救，并联系顾客家属等）

角色2：服装组店员（疏散围观顾客、维护现场秩序）

角色3：蔬菜组店员（了解具体情况、帮助顾客）

角色4：化妆品组店员（疏散围观顾客、维护现场秩序）

步骤三 模拟悦民卖场蔬菜组区域内一名顾客突发心脏病，进行卖场意外突发情况应急处理，并完成表4-4的填写。

表 4-4　顾客突发情况应急处理具体流程

流程名称	具体措施	通报语言	完成情况
安抚发生意外状况的顾客			
隔离保护发生意外状况的顾客，疏散围观顾客			
拨打 120 急救，并联系顾客家属			
快速进行简单的急救处理			
接应急救车，并对现场情况进行记录			

知识探究

一、打架处理程序

（1）当发生有人聚集在店内欲滋事、寻仇或打架等事件时，当层楼管应通知安保部门先行管制现场，上报楼层经理，并疏散围观顾客，配合安保部门阻止滋事者进一步扩大事态。

（2）安保部门应与滋事者协调，尽量以劝离的方式处理，必要时可通知公安部门。

（3）尽力维护顾客安全及公司财产。

（4）若滋事者闹事后迅速离去，而公安人员尚未到达，应记下滋事者特征及所乘车辆的车号、滋事原因等，以利于公安部门侦办。

（5）若有人受伤，应立即送往医院处理。

二、孩童走失处理程序

（1）遇到顾客通报孩童走失的情况，应立即确定走失孩童的特征及衣着，并由服务台广播，协助顾客寻找。

（2）管制所有出口，注意来往顾客。

（3）加派员工至店内、外角落寻找，并保持联系。

（4）安慰孩童家属，使其不要因过于激动而影响其他顾客。

（5）必要时立即通知楼层经理（值班经理）并报警。

三、突发事件预防办法

（1）营运中心及安保部门应加大巡场力度，降低突发事件发生率。

（2）工程部门应加强商场内设备检修力度，降低设备故障发生率。

（3）保洁部门在维护卖场清洁的同时，要随手摆放提示牌，提示顾客注意安全。

（4）各部门加大对员工安全防范意识的宣传和教育，增强员工责任心。

项目评价

结合表 4-5，参照各个项目及指标，从自评、互评、师评三方面对本项目的学习情况作出综合评定。

表 4-5　　项目学习评价表

项目	指标	评价内容	分值	自评	互评	师评
学习目标	知识技能	能够了解、理解项目所涵盖的知识点，掌握项目所涉及的技能	10			
	过程方法	能够根据教师的授课有针对性地运用各种学习方法，并根据任务实际情况选择创新性的学习方法	10			
	情感态度	培养良好的学习兴趣，发扬团队合作精神，体验成功的喜悦，树立正确的职业道德观和价值观	10			
学习方式	资料查找	能够在课前、课中、课后利用各种渠道搜集资料，确保所搜集的资料准确、全面、系统	10			
	小组合作	能够积极有效参与小组合作、讨论，承担任务，配合组员完成小组整体任务	20			
	实践探究	能够通过动手操作，参与实践体验活动，运用各种方法发现问题、分析问题、解决问题	20			
学习成果	成果内容	成果内容完整、丰富、有条理、有层次、形式多样化	10			
	成果展示	能够充分展现成果内容，展示过程清晰，表达方式丰富且有一定的创新性	10			
合计		85～100 分为优秀；75～85 为良好； 60～75 分为合格；60 分以下为不及格	100			

项目小结

通过本项目的学习，了解了卖场突发事件发生时，卖场工作人员应当采取的应急处理流程。具体包括：火灾应急处理、偷盗应急处理、停电应急处理和顾客突发情况应急处理。对卖场员工进行有组织的分工和训练有素的培训，真正做到对突发事件有准备、有预防，这样事故发生时，才能够迅速、有效、有重点地进行灾中、灾后的抢救处理工作，将损失降到最低。

在教学情境中通过分组合作、讨论学习、展示评估等方式使学生熟练掌握有关卖场火灾、偷盗、停电、顾客突发情况的应急处理技能，为今后从事卖场工作打下基础。

项目五 票据填写

项目背景

票据的填写是卖场管理工作的重要内容，商务票据包括批发商品采购、批发商品销售、商品零售、企业日常费用开支结算、税金计算、个人银行、个人股票开户、邮政汇款等业务的票据。通过本项目的学习可了解卖场基本票据的填制方法。

学习目标

1. 掌握批发商品采购业务票据的填制方法。
2. 掌握批发商品销售业务票据的填制方法。
3. 掌握商品零售业务票据的填制方法。
4. 掌握企业日常费用开支结算业务票据的填制方法。

任务一　批发商品采购业务票据

任务要求

1. 熟悉批发商品采购业务的流程和应填制的有关票据。
2. 了解批发商品采购业务票据的相关知识、用途和法规。
3. 熟练填制批发商品采购业务有关票据，包括批发商品入库单、付款申请单、支票领用单、转账支票、商品退货单。

任务情景

2018年3月5日，悦民卖场批发部采购员李开从宁波天虹服装有限公司采购一批衬衫和T恤，商品运到，收到宁波天虹服装有限公司开出的商品发货单和发票，如表5-1、表5-2所示。

表5-1　　**批发商品发货单**

购货单位：悦民卖场　　2018年3月5日

编号	品名及规格	单位	数量	单价	金额
120001	夏款短袖衬衫 SXX14196	件	200	100.00	20 000.00
120002	长袖衬衫（白色暗纹，全棉免烫）YMA146XP11320-03	件	100	120.00	12 000.00
120007	丝光棉短袖T恤 SMD51348-21	件	100	150.00	15 000.00
120008	长袖T恤 BLG8025-1	件	200	80.00	16 000.00
	合计				63 000.00

销售主管：朱红　　发货人：刘浩　　提货人：李开　　制单：刘浩

表5-2　　**宁波市商业企业专用发票**

COMMERCIAL CORPORATION INVOICE

发　票　联

INVOICE

发票代码 111000011312

客户名称：悦民卖场　　支票号：1001　　发票号码　2018089

Payer　　Check No.　　Invoice No.

编号 Serial No.	商品名称 Merchandise's name	规格 Specification	单位 Unit	数量 Quantity	单价 Unit Price	金额 Amount							
						十	万	千	百	十	元	角	分
	衬衫						3	2	0	0	0	0	0
	T恤						3	1	0	0	0	0	0
小写金额合计　Total Amount							6	3	0	0	0	0	0
大写金额 Total Amount in words	⊗陆万叁仟零佰零拾零元零角零分												

二、付款方收执　SECOND INVOICE

开票单位（盖章）　　开票人：　　2018年3月5日

Payee（Seal）　　Filler　　Y　M　D

李开通知仓库验收商品，仓库管理员验收商品后填制商品入库单。李开依据购货发票、入库单填制付款申请单通知财务付款。经审批同意付款后，李开申请转账支票付款，经审批后，出纳签发转账支票交给李开支付货款。

2018 年 5 月 10 日，在批发销售出库时，仓库管理员杨天发现从宁波天虹服装有限公司采购的夏款短袖衬衫 SXX14196 有 5 件出现质量问题，于是通知采购部退货。批发部采购员李开填制商品退货单，将这 5 件衬衫退回。

悦民卖场有关信息：

开户银行：工行华光分理处

账号：1103621610618201

预留银行印鉴：财务专用章和法人名章

商品编号：夏款短袖衬衫 SXX14196、长袖衬衫（白色暗纹，全棉免烫）YMA146XP11320-03、丝光棉短袖 T 恤 SMD51348-21、长袖 T 恤 BLG8025-1 的编号分别为 120001、120002、120007、120008

转账支票密码：3529822463136857

宁波天虹服装有限公司有关信息：

开户银行：工行宁波东海支行

账号：330203022214578

任务实践

步骤一 组建小组，每组 5 至 6 人，选出组长，由组长分配任务。通过查阅资料及小组讨论了解批发商采购商品的业务程序。

批发商品采购业务的程序如图 5－1 所示。

步骤二 由组长分配小组各成员角色。每个组员要明确任务和责任。悦民卖场批发商品采购业务所涉及的角色如下：

角色 1：卖场负责人（李敏）

角色 2：批发部采购员（李开）

角色 3：仓库主管

角色 4：出纳

角色 5：会计

角色 6：复核

步骤三 各小组完成卖场批发商品采购业务有关票据的填制，包括批发商品入库单、

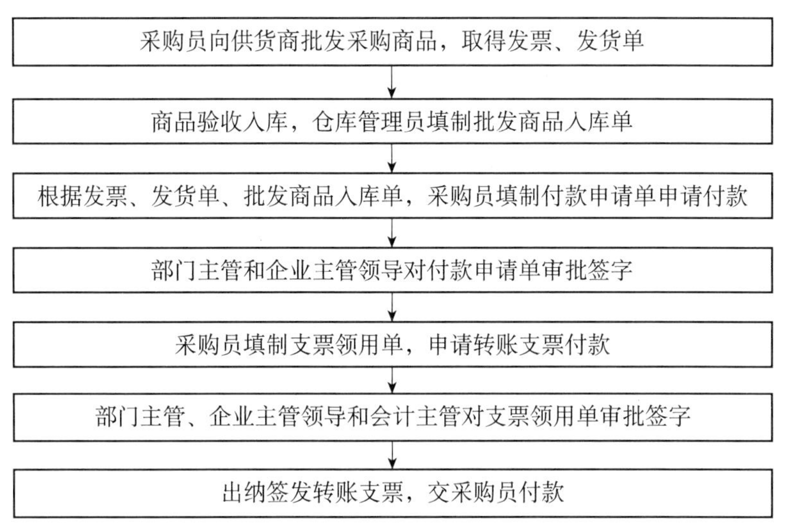

图 5-1 批发商品采购业务的程序

付款申请单、支票领用单、转账支票、商品退货单，并代有关责任人签字。

1. 批发商品入库单的填写

批发商品入库单（见表 5-3）一般一式多联，仓库管理员清点核对商品数量后，填写批发商品入库单上的供货单位、日期、编号、品名及规格、单位、应收数量、实收数量。填好后，仓库管理员和验收人员签章，经由仓库负责人审核签字后，一联留在仓库作为登记商品保管账的依据，一联给采购部门，一联交财务部门记账。会计复核批发商品入库单，然后根据供货方开具的发票和发货单填写批发商品入库单上的单价，计算并填写应收金额、实收金额以及应收金额、实收金额合计数，并在复核、记账处签字。

表 5-3 批发商品入库单

供货单位： 年 月 日 NO. 689

编号	品名及规格	单位	单价	应收数量	应收金额	实收数量	实收金额
合计							

仓库主管： 验收： 记账： 复核： 制单：

2. 付款申请单的填写

商品验收入库后，采购员根据发票、发货单、批发商品入库单，填制付款申请单（见表 5-4）申请付款，并将发票、发货单、批发商品入库单附在付款申请单之后，交部门主管和企业主管领导审批签字。经审批付款后，有关责任人签字。部门主管和企业主管领导以及有关责任人签字前，应先审核采购发票、发货单、批发商品入库单。

表 5-4 付款申请单

年 月 日 字号

收款单位					
账　　号					
开户行					
付款方式	现金□　支票□　电汇□　信汇□　票汇□				
金　　额	（大写）佰 拾 万 仟 佰 拾 元 角 分　¥				
付款原因					
单位主管审批		部门主管审批		签收	

会计主管：　记账：　复核：　出纳：　制单：

填写付款申请单时应写明：日期、收款单位的全称、账号、开户行、付款方式、大小写金额、付款原因等。付款申请单填好后，要经过部门主管和单位主管的审批签字，经手的有关责任人也要签字。

填写付款申请单时要注意：填写大写金额时要在大写金额首位前画“×”封口，防止添加金额。

3. 支票领用单的填写

支票领用单（见表 5-5）填写时应写明日期、用途、支票号、申请的支票张数、申请的支票限额。

表 5-5 支票领用单

日期	用途	支票号	张数	限额	领取人签字

单位主管：　会计主管：　部门主管：

支票领用单填好后，支票领取人签字，并交部门主管、单位主管审批签字。经审批签字后，会计主管审核无误签字后即可签发支票。

填写支票领用单时要注意：支票领用单中的支票号是在签发支票后，根据所签支票的号码补填的。

4. 转账支票的填写

支票是由出票人签发，委托办理支票存款业务的银行在见票时无条件按出票人标明的金额支付给收款人或者持票人的票据。按支付票款的方式不同，支票可分为普通支票、现金支票和转账支票（见表5-6）。支票上印有“现金”字样的为现金支票，现金支票只能用于支取现金。支票上印有“转账”字样的为转账支票，转账支票只能用于转账。支票上未印有“现金”或“转账”字样的为普通支票。普通支票既可用于支取现金，也可用于转账，其中在普通支票左上角画两条平行线的划线支票只能用于转账。

表5-6　　转账支票

中国工商银行
转账支票存根
X VI10005002
附加信息
出票日期　　年　月　日

收款人：
金　额：
用　途：

本支票付款期十天

中国工商银行 **转账支票**　　X VI10005002
出票日期（大写）　　年　月　日　付款行名称：
收款人：　　出票人账号：

人民币（大写）		亿	千	百	十	万	千	百	十	元	角	分

用途：________
上列款项请从
我账户内支付
出票人签章　　复核　　记账

单位和个人在同一票据交换区域的，各种款项结算均可以使用支票。支票一律记名，必须注明收款人的名称。支票的付款期限为10天，自出票之日起开始计算，但中国人民银行另有规定的除外。

支票的填制要求：

(1) 签发支票必须使用墨汁或碳素墨水填写，支票上各项内容要填写齐全，数字要标准，大小写金额要一致。

(2) 签发日期应填写实际出票日期，支票正联出票日期必须使用中文大写，但支票存根部分出票日期可用阿拉伯数字书写。填写大写出票日期时应注意：

- 月为壹、贰和壹拾的，日为壹至玖和壹拾、贰拾和叁拾的，应在其前加“零”；
- 日为拾壹至拾玖的，应在其前加“壹”。

(3) 收款单位名称应填写全称并与预留银行印鉴中的单位名称保持一致。

(4) 大写金额应紧接“人民币”书写，不得留有空白，以防加填；大小写金额要对应，要按规定书写。

(5) 阿拉伯小写金额数字前面，均应填写人民币符号“¥”。阿拉伯小写金额数字要认真填写，不得连写。

(6) 存根联与支票正联填写的用途应一致。

(7) 对约定使用支付密码支付票据金额的，出票人可在小写金额栏下方的空格栏（支付密码填写栏）记载支付密码。

(8) 预算单位在办理支票业务时，可以根据财政部门的相关规定，在“附加信息”栏填写预算管理类型、预算科目、支出类型等代码信息。其他客户也可根据系统、行业或内部管理的需要，在“附加信息”栏记载相关信息。“附加信息”并非票证的必要记载事项，欠缺该事项并不影响票据的效力。

(9) 在出票人签章处按预留银行印鉴分别签章，签章不能缺漏。

(10) 支票签发后，将支票从存根联与正联之间骑缝线裁开，正联交给收款人，存根联留下作为记账依据。

5. 商品退货单的填写

仓库管理员发现商品出现质量问题时，采购员应填制商品退货单（见表 5-7），办理退货。

表 5-7　　商品退货单

供货单位：　　　　年　月　日　　　　NO. 021

编号	品名及规格	单位	数量	单价	金额
合计					

采购主管：　　发货人：　　退货人：　　制单：

填写商品退货单时应写明：供货单位、日期、编号、品名及规格、单位、数量、单价、金额，并计算出合计金额。商品退货单填好后，制单、退货人签字，并交采购主管审批签字。经审批签字后，发货人即可发货给采购员安排退货，并在商品退货单上签字。

知识探究

批发就是专门从事大宗商品交易的商业活动，是商品流通中不可缺少的一个环节。批发通常有两种情况：商业企业将商品批量销售给其他商业企业用作转卖；商业企业将用于再加工的生产资料供应给生产企业。

批发是直接向生产者或供应商批量购进商品，然后将商品批量转卖给其他商业企业或生产企业。批发业务一般由批发企业经营，每次批售的商品数量较大，并按批发价格出售。商品的批发价格低于零售价格，即存在着批零差价，其差额由零售企业所耗费的流通费用、税金和利润构成。

通过商业批发活动，社会产品从生产领域进入流通领域，发挥着组织和调动地区间商品流通的作用。

批发商品采购要填写的票据主要有：批发商品入库单、付款申请单、支票领用单、转账支票、商品退货单。

批发商品采购业务票据填写时应注意以下事项：

（1）采购商品取得发票后，业务经手人、审核人员要注意审核发票填写是否正确规范。如取得的发票上是否有“全国统一发票监制章、国家税务总局监制”；发票上是否加盖了供货方的发票专用章或财务专用章；各项内容是否据实填写齐全、正确；客户名称是否填写全称；编号、商品名称、规格、单位、数量、单价、金额是否按所购商品品种分别详细填写（如果所购商品过多，发票上无法将所购商品品种分别详细填列，可以按商品类别汇总，只填写汇总金额，但在发票后要附所购商品清单或供货单位的商品发货单，详细列明所购商品的编号、商品名称、规格、单位、数量、单价、金额）；大小写金额是否一致；大写金额前是否画“×”封头、小写金额合计前是否加人民币符号“¥”封头、金额栏空白行是否自右向左画斜线或“S”线划掉，以防止加填金额；开票人是否签字等。

如果审核发现开具的发票有问题，应让业务经手人将发票退回供货方修改或重开。但要注意发票的金额是不允许修改的。如果有修改，修改的地方要加盖供货方发票专用章或财务专用章。

（2）签发支票后，应重点审核支票内容是否填写齐全；正联与存根部分的内容是否一致；支票上的收款人、金额、用途是否与取得的发票上的一致；在正联出票人签章处是否加盖了预留银行印鉴（即财务专用章和法人名章）；正联的大写日期是否填写正确；大小写金额是否一致；小写金额前是否加“¥”封头等。

（3）填写批发商品入库单时应注意：编号应为本公司的商品编号，不要错填为供货方的商品编号；“应收金额”“实收金额”按应收、实收商品的实际采购成本计算，包括商品买价、运杂费等；有关责任人签字不要签错。

（4）企业在填写与银行结算有关的单据时，如支票、现金存款凭条、进账单等，应按照《支付结算办法》的附录《正确填写票据和结算凭证的基本规定》填写，其他单据的大小写金额书写方法参照此规定规范书写。

任务二　批发商品销售业务票据

任务要求

1. 熟悉批发商品销售业务的流程和应填制的有关票据。

2. 知道批发商品销售业务票据的相关知识、用途和法规。

3. 熟练填制批发商品销售业务有关票据，包括批发商品发货单、批发商品出库单、发票、转账支票背书、进账单、商品销售毛利计算表。

任务情景

宁波天虹服装有限公司为增值税一般纳税人，增值税率为17%。2018年3月5日，该公司批发部销售员批发销售给悦民卖场一批衬衫、T恤，如表5-8所示。

表5-8　　销售产品的情况

编号	品名及规格	计量单位	数量	单位售价（不含税）（元）
120001	夏款短袖衬衫 SXX14196	件	200	100.00
120002	长袖衬衫（白色暗纹，全棉免烫）YMA146XP11320-03	件	100	120.00
120007	丝光棉短袖T恤 SMD51348-21	件	100	150.00
120008	长袖T恤 BLG8025-1	件	200	80.00

填制商品发货单通知仓库管理员发货。仓库管理员审核发货单，填制商品出库单发货，这些衬衫、T恤的生产成本如表5-9所示。

表5-9　　销售产品的生产成本

编号	品名及规格	单位进价（不含税）（元）
120001	夏款短袖衬衫 SXX14196	80.00
120002	长袖衬衫（白色暗纹，全棉免烫）YMA146XP11320-03	100.00
120007	丝光棉短袖T恤 SMD51348-21	120.00
120008	长袖T恤 BLG8025-1	65.00

销售员收到悦民卖场开出的转账支票（见表5-10），通知会计开增值税专用发票，并将收到的转账支票交到财务入账。

表5-10　　　　转账支票正面（正联部分）

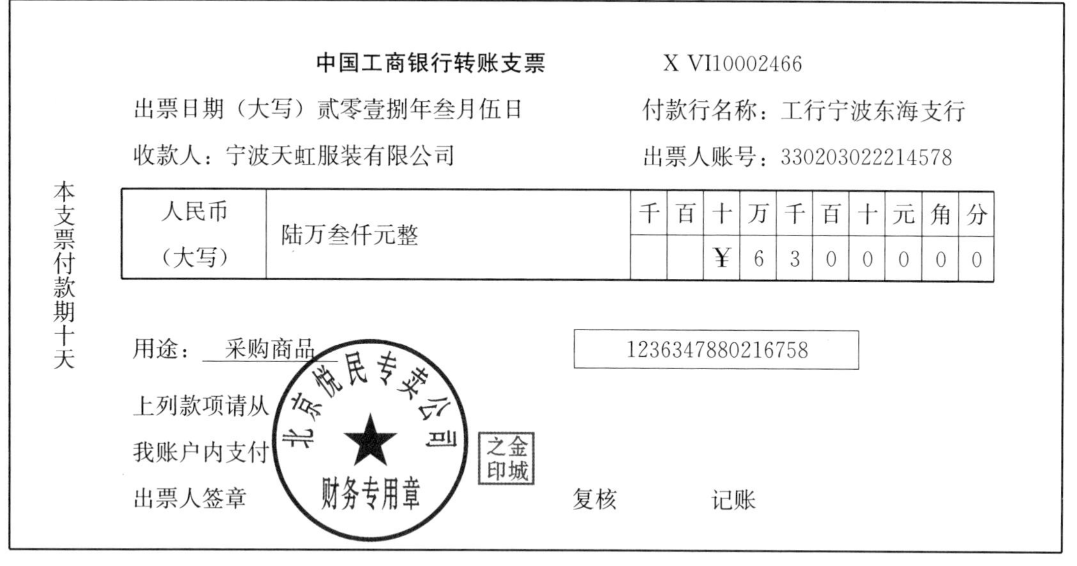
中国工商银行转账支票　　X VI10002466

出票日期（大写）贰零壹捌年叁月伍日　　付款行名称：工行宁波东海支行

收款人：宁波天虹服装有限公司　　出票人账号：330203022214578

本支票付款期十天

人民币（大写）	陆万叁仟元整	千	百	十	万	千	百	十	元	角	分
				¥	6	3	0	0	0	0	0

用途：采购商品　　1236347880216758

上列款项请从

我账户内支付

出票人签章　北京悦民专卖公司 财务专用章　之金印城　　复核　　记账

会计开出发票交销售员给购货方。出纳填制进账单，并在转账支票背面背书，将收到的转账支票送存银行。

宁波天虹服装有限公司有关信息：

地址：宁波市民安路10号

联系电话：0574-8953××××

纳税人识别号：330203322246302

开户银行：工行宁波东海支行

账号：330203022214578

预留银行印鉴：财务专用章和法人名章

合同号：061401

悦民卖场有关信息：

地址：北京市朝阳区幸福路18号

联系电话：010-8573××××

纳税人识别号：110410262823368

开户银行：工行华光分理处

账号：1103621610618201

任务实践

步骤一 组建小组，每组5至6人，选出组长，由组长分配任务，通过查阅资料及小组讨论了解批发商品销售业务的程序。

批发商品销售业务的程序如图5-2所示：

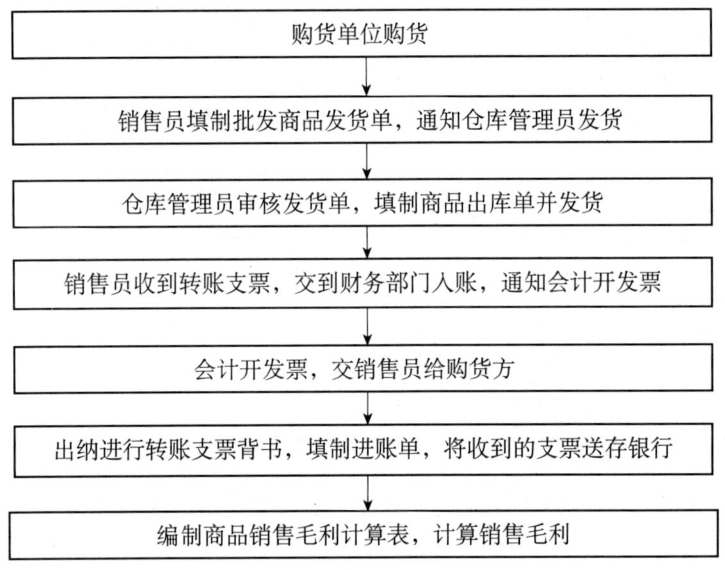

图5-2 批发商品销售业务的程序

步骤二 由组长分配小组各成员角色。每个组员要明确任务和责任。宁波天虹服装有限公司销售业务所涉及的角色如下：

角色1：单位负责人

角色2：批发部采购主管

角色3：仓库主管

角色4：会计主管

角色5：出纳

角色6：会计

步骤三 各小组完成宁波天虹服装有限公司批发商品销售业务相关票据的填写，并编制商品销售毛利计算表。

1. 批发商品发货单的填写

批发商品发货单（见表5-11）一般一式多联。一联留在仓库作为登记商品保管账的依据，一联给采购部门，一联交财务部门记账。销售员填写批发商品发货单时应写明购货单位、日期、编号、品名及规格、单位、数量、单价、金额，计算出合计金额。填好后，销售员在制单处签章，并交销售主管审核签字。仓库管理员发货后在发货人处签字，销售员提货后在提货人处签字。

表 5－11　　　　**批发商品发货单**　　　　编号 100

购货单位：　　　　年　月　日

编号	品名及规格	单位	数量	单价	金额
合计					

销售主管：　　　　发货人：　　　　提货人：　　　　制单：

填写批发商品发货单时应注意："单价"应为商品销售单价；"金额"＝数量×单价。

2. 批发商品出库单的填写

批发商品出库单（见表 5－12）一般一式多联。仓库管理员审核发货单，根据发货单发货，并填写批发商品出库单上的日期、购货单位、编号、品名及规格、单位、数量，仓库管理员在制单处签章，销售员在领用人处签章，由仓库负责人审核签字后，一联留在仓库作为登记商品保管账的依据，一联给销售部门，一联交财务部门记账。会计复核批发商品出库单，然后根据商品进货成本填写批发商品入库单上的单位成本和总成本，并在复核、记账处签字。

表 5－12　　　　**批发商品出库单**　　　　编号 001

购货单位：　　　　年　月　日

编号	品名及规格	单位	数量	单位成本	总成本
合计					

仓库主管：　　　　领用人：　　　　记账：　　　　复核：　　　　制单：

填写批发商品出库单时应注意："单位成本"应为商品进货时的成本；"总成本"＝数量×单位成本。

3. 增值税专用发票的填写

销售员收到转账支票，连同批发商品发货单、批发商品出库单交到财务部门入账，通知会计开发票；会计根据转账支票、批发商品发货单、批发商品出库单开具增值税专用发票，交销售员给购货方。

增值税专用发票（见表5－13）一般是通过增值税防伪税控系统打印出来的。

表5－13 **北京市增值税专用发票** NO. 01381478

2302204320 发票联 开票日期：年 月 日

<table>
<tr><td>购货单位</td><td colspan="4">名　　称：
纳税人识别号：
地 址 、电 话：
开户行及账号：</td><td>密码区</td><td colspan="3">略</td></tr>
<tr><td colspan="2">货物或应税劳务名称</td><td>规格型号</td><td>单位</td><td>数量</td><td>单价</td><td>金额</td><td>税率</td><td>税额</td></tr>
<tr><td colspan="2">

合　　计</td><td></td><td></td><td></td><td></td><td></td><td></td><td></td></tr>
<tr><td colspan="2">价税合计（大写）</td><td colspan="7">（小写）</td></tr>
<tr><td>销货单位</td><td colspan="4">名　　称：
纳税人识别号：
地 址 、电 话：
开户行及账号：</td><td>备注</td><td colspan="3"></td></tr>
</table>

第三联 发票联 购货方记账凭证

收款人： 复核： 开票人： 销货单位（盖章）：

增值税专用发票填制方法如下：

（1）开票日期按公历用“阿拉伯数字”填写。

（2）单位名称填写全称，地址不能省略。

（3）纳税人识别号按全国统一的税务登记证件代码填写。

（4）开户银行及账号按购货单位支票注明账号填写，以现金购货先询问开户银行及账号。

（5）货物或应税劳务名称填写货物或劳务的名称，不同货物或劳务名称应分别填写。

（6）金额填写不含税的销售额，“税率”栏填写依据税法所确定的税率。

（7）价税合计填写金额合计与税额合计之和，并用汉字大写数字填写，“¥”后用阿拉伯数字填写价税合计。

（8）“收款人”“复核”“开票人”处由收款人、复核人、开票人签章，此处不得省略。

（9）发票填写完成后，在第二、三联的销货单位盖章处加盖在税务机关的发票发售部门预留的财务专用章或者发票专用章，第一联可不用盖章。

4. 转账支票背书的填写

企业收到转账支票后应在支票背面（见表 5－14）作委托收款背书，背书的方法是：在被背书人栏记载开户银行名称；在背书人签章栏记载“委托收款”字样、背书日期、签章（即加盖预留银行印鉴）。

表 5－14　　转账支票背面（正联部分）

<table>
<tr><td rowspan="2">附加信息：</td><td>被背书人：</td><td rowspan="2">（粘贴单处）</td></tr>
<tr><td>背书人签章
年　月　日</td></tr>
</table>

5. 进账单的填写

转账支票背书后，填制进账单（见表 5－15），将收到的支票送存银行。进账单是在企业收到转账支票、银行本票、银行汇票并将它们送存银行办理转账时填制的，填制进账单时应注意：收款人或付款人全称为企业在银行开户名称；账号为开户银行账号；开户银行为开户银行全称；大写金额应紧接“人民币”书写，不得留有空白；小写金额前要加人民币符号“¥”。

进账单一式三联，第一联为回单，是开户银行交给持（出）票人的回单；第二联为贷方凭证，由收款人开户银行作贷方凭证，第三联为收账通知，是收款人开户银行交给收款人的收账通知。注意：企业收到的转账支票不作原始凭证，应连同进账单送存银行作为办理转账的凭据。

表 5-15　　中国工商银行　**进账单**　回　单　1

年　月　日

<table>
<tr><td rowspan="3">出票人</td><td>全　称</td><td></td><td rowspan="3">收款人</td><td>全　称</td><td colspan="11"></td></tr>
<tr><td>账　号</td><td></td><td>账　号</td><td colspan="11"></td></tr>
<tr><td>开户银行</td><td></td><td>开户银行</td><td colspan="11"></td></tr>
<tr><td rowspan="2">金额</td><td colspan="4" rowspan="2">人民币
（大写）</td><td>亿</td><td>千</td><td>百</td><td>十</td><td>万</td><td>千</td><td>百</td><td>十</td><td>元</td><td>角</td><td>分</td></tr>
<tr><td></td><td></td><td></td><td></td><td></td><td></td><td></td><td></td><td></td><td></td><td></td></tr>
<tr><td colspan="2">票据种类</td><td>票据张数</td><td></td><td colspan="12" rowspan="3">开户银行签章</td></tr>
<tr><td colspan="2">票据号码</td><td colspan="2"></td></tr>
<tr><td colspan="4">复核　　记账</td></tr>
</table>

此联是开户银行交给持（出）票人的回单

6. 根据销售情况，编制商品销售毛利计算表，计算销售毛利

编制商品销售毛利计算表（见表 5-16），应汇总写明所有销售商品的编号、品名及规格、单位、销售数量、单位售价、单位进价，并计算填写单位毛利、销售收入、销售成本、销售毛利。

单位毛利＝单位售价－单位进价

销售收入＝销售数量×单位售价

销售成本＝销售数量×单位进价

销售毛利＝销售收入－销售成本＝销售数量×单位毛利

表 5-16　　商品销售毛利计算表

年　月　日

编号	品名及规格	单位	销售数量（1）	单位售价（2）	单位进价（3）	单位毛利（4）＝（2）－（3）	销售收入（5）＝（1）×（2）	销售成本（6）＝（1）×（3）	销售毛利（7）＝（5）－（6）或（7）＝（1）×（4）
合计									

知识探究

一、发票

发票是指在购销商品、提供或者接受服务以及从事其他经营活动中，开具、收取的收付款凭证。在对外发生经营业务收取款项时，收款方应当向付款方开具发票。发票有普通发票和专用发票两种。发票由税务机关统一管理，统一设计式样。发票要有全国统一发票监制章。

二、增值税专用发票

增值税专用发票是增值税一般纳税人（以下简称一般纳税人）销售货物或者提供应税劳务开具的发票，是购买方支付增值税额并可按照增值税有关规定据以抵扣增值税进项税额的凭证。增值税专用发票基本联次为三联，第一联为记账联，作为销售方核算销售收入和增值税销项税额的记账凭证；第二联为抵扣联，作为购买方报送主管税务机关认证和留存备查的凭证；第三联为发票联，作为购买方核算采购成本和增值税进项税额的记账凭证。

增值税专用发票的审核与普通发票的审核方法基本相同，但审核增值税专用发票时，除常规审核外，还应着重审核发票联和抵扣联是否有“全国统一发票监制章、国家税务总局监制”，以及是否加盖财务专用章或发票专用章；纳税人登记号是否按“税务登记证”的编号填写，地址、电话、开户行及账号填写是否齐全，是否按规定时限开具专用发票等。

任务三 商品零售业务票据

任务要求

1. 熟悉店铺商品零售业务的流程和应填制的相关票据。

2. 了解商品零售业务票据的相关知识、用途和法规。

3. 熟练填制商品零售业务有关票据，包括销售小票、普通发票。

任务情景

2018 年 6 月 13 日，在悦民卖场，顾客 A 在服装组以现金购买一件夏款短袖衬衫 SXX14196，单位售价 128.00 元，商品编码为 120001，售货员填制销售小票交给顾客 A，顾客 A 凭销售小票到服装组收银台交款，并要求收银员为其开一张发票。收银员收妥款项，为顾客 A 开发票。

任务实践

步骤一 组建小组，每组 4 人，选出组长，由组长分配任务，通过查阅资料及小组讨论了解商品零售业务票据。

店铺商品零售业务的程序如图 5－3 所示：

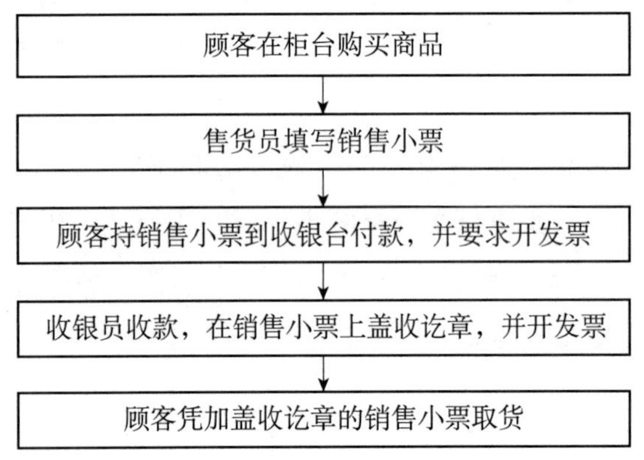

图 5－3 店铺商品零售业务的程序

步骤二 由组长分配小组各成员角色。每个组员要明确任务和责任。悦民卖场所涉及的角色如下：

角色 1：卖场负责人（李敏）

角色 2：服装组店员

角色 3：收银员

角色 4：顾客

步骤三 各小组完成悦民卖场商品零售业务相关票据的填写，零售商品时填写的票据主要有销售小票、普通发票。

1. 销售小票的填写

销售小票（见表5－17）是顾客购买商品并付款后从商家处领取的所购商品的凭据，一般一式三联，一联销售柜台留存，一联顾客留存，一联收银台留存。填写销售小票时应写明日期、编号、品名、单位、数量、单价、金额、合计大小写金额，“金额”＝数量×单价。填写时大小写金额要一致，金额空白行用斜线或“S”线划掉。填好后，售货员要在售货员处签字。

表5－17　　**销售小票**　　编号001

年　月　日

编号	品名	单位	数量	单价	金额							
					十	万	千	百	十	元	角	分
合计	人民币（大写）				¥							

收款员：　　　　售货员：

2. 发票的填写

顾客持销售小票到收银台付款，并要求开发票。收银员收款，在销售小票上盖现金收讫章，在收款员处签字，留下一联收银台留存的销售小票，将另外两联销售小票交给顾客，并为顾客开具发票。顾客凭加盖现金收讫章的销售小票取货。

店铺收银员给顾客开具的发票一般是普通发票（见表5－18）。普通发票的基本联次一般为三联，第一联为存根联，用于收款方留存备查；第二联为发票联，作付款方记账的凭证；第三联为记账联，作收款方记账的凭证。

表 5-18

北京市商业企业专用发票
COMMERCIAL CORPORATION INVOICE
发 票 联
INVOICE

发票代码 111000301112

客户名称：
Payer

支票号：
Check No.

发票号码 2018892
Invoice No.

编号 Serial No.	商品名称 Merchandise's name	规格 Specification	单位 Unit	数量 Quantity	单价 Unit Price	金额 Amount							
						十	万	千	百	十	元	角	分
小 写 金 额 合 计 Total Amount													
大写金额 Total Amount in words													

二、付款方收执 SECOND INVOICE

开票单位（盖章）
Payee（Seal）

开票人：
Filler

年 月 日
Y M D

开具普通发票时应注意：内容真实，字迹清楚，项目填写齐全；客户名称必须为客户全称；金额空白行用斜线或“S”线划掉；发票开完后，开票人员要签名；在发票第二联加盖发票专用章或财务专用章。

知识探究

一、零售业务的含义

零售直接面对的是最终消费者。零售是向最终消费者个人或社会集团出售生活消费品及相关服务，以供其最终消费之用的全部活动。零售贸易一般由零售企业来经营，通过零售经营，商品离开贸易领域进入消费领域，真正成为消费对象，从而完成社会再生产过程。零售是贸易过程的终点，处于生产与消费之间中介地位的终端。

二、零售业务的主要特征

（1）交易对象是为直接消费而购买商品的最终消费者，其中既包括个人消费者，也包括团体消费者。

（2）零售业务的标的物不仅有商品，还有劳务，即为顾客提供的各种服务，如送货、安装、维修等。

（3）零售业务的交易量零星分散，交易次数频繁，每次成交额较小。

（4）零售业务受消费者购买行为的影响比较大。

（5）零售业务大多在店内进行，网点规模大小不一，分布较广。

（6）零售业务的经营品种丰富多彩、富有特色。

任务四　企业日常费用开支结算业务票据

任务要求

1. 熟悉企业日常费用开支结算业务（简称日结业务）的流程和应填制的有关票据。

2. 知道日结业务票据的相关知识、用途和法规。

3. 熟练填制日结业务有关票据，包括销货日报表、内部缴款单、长短款报告单、现金存款凭条。

任务情景

2018 年 6 月 13 日 20:00，悦民卖场营业结束，服装组办理日结。

收银员根据当日销售小票和当日所收款项核对货款。收银员核对货款时发现，由于其工作失误，少收现金 5.00 元。经服装组负责人、卖场主管领导审批，短缺的 5.00 元现金由收银员赔偿。当日共收取款项 12 954.00 元，其中既有银行卡消费，也有会员卡消费，还有支付宝、微信等消费。如表 5－19、表 5－20、表 5－21 所示。

表 5-19 **销售小票** 编号 101

2018 年 6 月 13 日

编号	品名	单位	数量	单价	金额							
					十	万	千	百	十	元	角	分
120001	夏款短袖衬衫 SXX14196	件	1	128.00				1	2	8	0	0
合计	人民币（大写）壹佰贰拾捌元整				￥128.00							

收款员： 售货员：

表 5-20 **销售小票** 编号 102

2018 年 6 月 13 日

编号	品名	单位	数量	单价	金额							
					十	万	千	百	十	元	角	分
120002	长袖衬衫（白色暗纹，全棉免烫）YMA 146 XP11320-03	件	1	158.00				1	5	8	0	0
120007	丝光棉短袖 T 恤 SMD 51348-21	件	1	188.00				1	8	8	0	0
合计	人民币（大写）叁佰肆拾陆元整				￥346.00							

收款员： 售货员：

表 5-21 **销售小票** 编号 103

2018 年 6 月 13 日

编号	品名	单位	数量	单价	金额							
					十	万	千	百	十	元	角	分
120007	丝光棉短袖 T 恤 SMD 51348-21	件	1	188.00				1	8	8	0	0
120008	长袖 T 恤 BLG8025-1	件	1	98.00					9	8	0	0
合计	人民币（大写）贰佰捌拾陆元整				￥286.00							

收款员： 售货员：

悦民卖场有关信息：

开户银行：工行华光分理处

账号：1103621610618201

任务实践

步骤一　组建小组，每组5至6人，选出组长，由组长分配任务，通过查阅资料及小组讨论熟悉日结业务的流程和应填制的有关票据。

店铺日结业务的程序如图5-4所示：

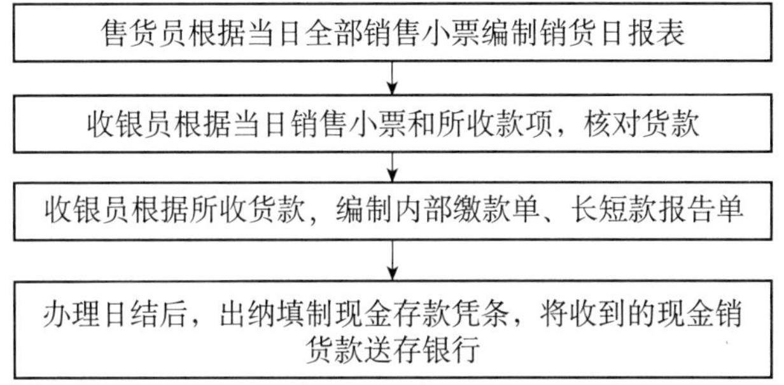

图5-4　店铺日结业务的程序

步骤二　由组长分配小组各成员角色。每个组员要明确任务和责任。悦民卖场所涉及的角色如下：

角色1：卖场负责人（李敏）

角色2：收银员

角色3：服装组店员

角色4：会计主管

角色5：出纳

角色6：会计

步骤三　根据服装组当日全部销售小票，各小组完成企业日常费用开支业务票据的填写。

1. 编制销货日报表

营业结束，售货员根据当日全部销售小票，汇总编制销货日报表（见表5-22）。

销货日报表是各销售部（或销售柜组）根据当日的销售小票记载的本部（或本组）商品销售情况汇总编制的。它一般一式两联，一联销售部（或销售柜组）留存，一联交财务部门据以记账。填写销货日报表时要写明日期、部别、汇总的当日销售的商品品名、编号、数量、单位、单价、金额，并结计出合计金额。“金额”＝数量×单价。填好后，制

表 5-22 **销货日报表**

年 月 日 部别：

品名	编号	数量	单位	单价	金额								备注
					十	万	千	百	十	元	角	分	
合计													

业务负责人： 会计负责人： 审核： 记账： 售货员：

表人在售货员处签字，并交本部（或本组）业务负责人审核签字。办理日结业务时，交给财务部门据以记账的那一联销货日报表，在记账前要先由财务部门审核人员审核签字，在会计主管审核签字后，再由会计进行会计处理，并在记账处签字。

2. 编制内部缴款单、长短款报告单，并将所收款项送交财务部门

填写内部缴款单（见表 5-23）要写明缴款部门、日期，根据缴款的种类选择缴款项目，如现金、刷卡、支票、现金存款凭条，如还有其他项目也可以添加，并写明所缴款项的缴款张数和金额，结计出大写金额。填写大写金额时首位前要画“×”封头。内部缴款单填好后，收银员在制表处签字，业务负责人审核后签字，然后将所收款项送交财务部门。财务部门出纳、复核员核对款项和内部缴款单后，出纳、复核员在内部缴款单上签字，会计凭内部缴款单进行会计处理并在会计处签字。

表 5-23 **内部缴款单**

部门： 年 月 日 第 号

项目	张数	金额								
		百	十	万	千	百	十	元	角	分
1. 现金										
2. 刷卡										
3. 支票										
4. 现金存款凭条										
5.										
合计	佰 拾 万 仟 佰 拾 元 角 分									

业务负责人： 会计： 出纳： 复核： 制表：

填写长短款报告单（见表 5-24）要写明缴款部别、日期、应收金额、实收金额、长

款金额或短款金额、长款或短款的原因。长短款报告单填好后，收银员在制表处签字，报业务部门给出处理意见并填写，业务负责人、主管负责人审核签字，然后报主管领导审批签字，并将所收款项送交财务部门。财务部门出纳核对款项和长短款报告单后，出纳在长短款报告单上签字，交会计主管审核后签字，会计凭审核后的长短款报告单进行会计处理并在记账处签字。

表 5－24　　长短款报告单

部别：　　年　月　日　　第　　号

应收金额		实收金额		长款金额		短款金额	
原因				业务部门意见			
领导批示							

主管负责人：　业务负责人：　会计主管：　记账：　出纳：　制表：

3. 编制现金存款凭条

填写现金存款凭条（见表 5－25）时应写明日期和存款人的全称、账号、开户行，以及款项来源、交款人、大小写金额、所存现金的面额和张数。

表 5－25　　现金存款凭条

年　月　日

存款人	全　称															
	账　号		款项来源													
	开户行		交款人													
金额 大写（币种）							千	百	十	万	千	百	十	元	角	分
票面		张数	票面	张数	票面	张数										
100 元			5 角													
50 元			2 角													
20 元			1 角													
10 元			5 分													
5 元			2 分													
2 元			1 分													
1 元																

第二联　客户核对

复核：　经办：

注意：填写现金存款凭条大写金额时要注明币种，小写金额前要加人民币符号“￥”封头，所存现金张数和面额要与总金额核对一致。

知识探究

一、内部缴款单

内部缴款单是收银员办理日结业务时将当日营业所收款项送交财务部门的凭据，它是根据当日所收款项的实际情况填写的。内部缴款单一般一式两联，一联收银台留存，一联交财务部门据以记账。

二、长短款报告单

长短款报告单是记录所收货款发生长款和短款的一种凭据，它是收银员根据当日销售小票和所收货款核对的情况填写的。长短款报告单一般一式两联，一联收银台留存，一联交财务部门据以记账。

三、现金存款凭条

现金存款凭条是企业将现金存入银行账户的书面证明。现金存款凭条一般一式两联，一联为银行留存联，一联为客户核对联。

项目评价

结合表 5-26，参照各个项目及指标，从自评、互评、师评三方面对本项目的学习情况作出综合评定。

表 5-26　　项目学习评价表

项目	指标	评价内容	分值	自评	互评	师评
学习目标	知识技能	能够了解、理解项目所涵盖的知识点，掌握项目所涉及的技能	10			
	过程方法	能够根据教师的授课有针对性地运用各种学习方法，并根据任务实际情况选择创新性的学习方法	10			
	情感态度	培养良好的学习兴趣，发扬团队合作精神，体验成功的喜悦，树立正确的职业道德观和价值观	10			

续前表

项目	指标	评价内容	分值	自评	互评	师评
学习方式	资料查找	能够在课前、课中、课后利用各种渠道搜集资料，确保所搜集的资料准确、全面、系统	10			
	小组合作	能够积极有效参与小组合作、讨论，承担任务，配合组员完成小组整体任务	20			
	实践探究	能够通过动手操作，参与实践体验活动，运用各种方法发现问题、分析问题、解决问题	20			
学习成果	成果内容	成果内容完整、丰富、有条理、有层次、形式多样化	10			
	成果展示	能够充分展现成果内容，展示过程清晰，表达方式丰富且有一定的创新性	10			
合计		85～100 分为优秀；75～85 为良好； 60～75 分为合格；60 分以下为不及格	100			

项目小结

通过本项目的学习，了解了批发商品采购业务的流程、批发商品销售业务的流程、商品零售业务的流程和企业日常费用开支结算业务的流程。掌握了批发商品采购业务票据、批发商品销售业务票据、商品零售业务票据和企业日常费用开支结算业务票据的填制方法。

在教学情境中通过分组合作、讨论学习、展示评估等方式使学生熟练掌握有关商务票据填制的技能，为今后从事卖场工作打下了坚实的基础。

中华人民共和国发票管理办法实施细则

第一章 总 则

第一条 根据《中华人民共和国发票管理办法》（以下简称《办法》）规定，制定本实施细则。

第二条 在全国范围内统一式样的发票，由国家税务总局确定。

在省、自治区、直辖市范围内统一式样的发票，由省、自治区、直辖市国家税务局、地方税务局（以下简称省税务机关）确定。

第三条 发票的基本联次包括存根联、发票联、记账联。存根联由收款方或开票方留存备查；发票联由付款方或受票方作为付款原始凭证；记账联由收款方或开票方作为记账原始凭证。

省以上税务机关可根据发票管理情况以及纳税人经营业务需要，增减除发票联以外的其他联次，并确定其用途。

第四条 发票的基本内容包括：发票的名称、发票代码和号码、联次及用途、客户名称、开户银行及账号、商品名称或经营项目、计量单位、数量、单价、大小写金额、开票人、开票日期、开票单位（个人）名称（章）等。

省以上税务机关可根据经济活动以及发票管理需要，确定发票的具体内容。

第五条　用票单位可以书面向税务机关要求使用印有本单位名称的发票，税务机关依据《办法》第十五条的规定，确认印有该单位名称发票的种类和数量。

第二章　发票的印制

第六条　发票准印证由国家税务总局统一监制，省税务机关核发。

税务机关应当对印制发票企业实施监督管理，对不符合条件的，应当取消其印制发票的资格。

第七条　全国统一的发票防伪措施由国家税务总局确定，省税务机关可以根据需要增加本地区的发票防伪措施，并向国家税务总局备案。

发票防伪专用品应当按照规定专库保管，不得丢失。次品、废品应当在税务机关监督下集中销毁。

第八条　全国统一发票监制章是税务机关管理发票的法定标志，其形状、规格、内容、印色由国家税务总局规定。

第九条　全国范围内发票换版由国家税务总局确定；省、自治区、直辖市范围内发票换版由省税务机关确定。

发票换版时，应当进行公告。

第十条　监制发票的税务机关根据需要下达发票印制通知书，被指定的印制企业必须按照要求印制。

发票印制通知书应当载明印制发票企业名称、用票单位名称、发票名称、发票代码、种类、联次、规格、印色、印制数量、起止号码、交货时间、地点等内容。

第十一条　印制发票企业印制完毕的成品应当按照规定验收后专库保管，不得丢失。废品应当及时销毁。

第三章　发票的领购

第十二条　《办法》第十五条所称经办人身份证明是指经办人的居民身份证、护照或者其他能证明经办人身份的证件。

第十三条　《办法》第十五条所称发票专用章是指用票单位和个人在其开具发票时加盖的有其名称、税务登记号、发票专用章字样的印章。

发票专用章式样由国家税务总局确定。

第十四条　税务机关对领购发票单位和个人提供的发票专用章的印模应当留存备查。

第十五条　《办法》第十五条所称领购方式是指批量供应、交旧购新或者验旧购新等方式。

第十六条 《办法》第十五条所称发票领购簿的内容应当包括用票单位和个人的名称、所属行业、购票方式、核准购票种类、开票限额、发票名称、领购日期、准购数量、起止号码、违章记录、领购人签字（盖章）、核发税务机关（章）等内容。

第十七条 《办法》第十五条所称发票使用情况是指发票领用存情况及相关开票数据。

第十八条 税务机关在发售发票时，应当按照核准的收费标准收取工本管理费，并向购票单位和个人开具收据。发票工本费征缴办法按照国家有关规定执行。

第十九条 《办法》第十六条所称书面证明是指有关业务合同、协议或者税务机关认可的其他资料。

第二十条 税务机关应当与受托代开发票的单位签订协议，明确代开发票的种类、对象、内容和相关责任等内容。

第二十一条 《办法》第十八条所称保证人，是指在中国境内具有担保能力的公民、法人或者其他经济组织。

保证人同意为领购发票的单位和个人提供担保的，应当填写担保书。担保书内容包括：担保对象、范围、期限和责任以及其他有关事项。

担保书须经购票人、保证人和税务机关签字盖章后方为有效。

第二十二条 《办法》第十八条第二款所称由保证人或者以保证金承担法律责任，是指由保证人缴纳罚款或者以保证金缴纳罚款。

第二十三条 提供保证人或者交纳保证金的具体范围由省税务机关规定。

第四章 发票的开具和保管

第二十四条 《办法》第十九条所称特殊情况下，由付款方向收款方开具发票，是指下列情况：

（一）收购单位和扣缴义务人支付个人款项时；

（二）国家税务总局认为其他需要由付款方向收款方开具发票的。

第二十五条 向消费者个人零售小额商品或者提供零星服务的，是否可免予逐笔开具发票，由省税务机关确定。

第二十六条 填开发票的单位和个人必须在发生经营业务确认营业收入时开具发票。未发生经营业务一律不准开具发票。

第二十七条 开具发票后，如发生销货退回需开红字发票的，必须收回原发票并注明“作废”字样或取得对方有效证明。

开具发票后，如发生销售折让的，必须在收回原发票并注明“作废”字样后重新开具销售发票或取得对方有效证明后开具红字发票。

第二十八条 单位和个人在开具发票时，必须做到按照号码顺序填开，填写项目齐全，内容真实，字迹清楚，全部联次一次打印，内容完全一致，并在发票联和抵扣联加盖发票专用章。

第二十九条 开具发票应当使用中文。民族自治地方可以同时使用当地通用的一种民族文字。

第三十条 《办法》第二十六条所称规定的使用区域是指国家税务总局和省税务机关规定的区域。

第三十一条 使用发票的单位和个人应当妥善保管发票。发生发票丢失情形时，应当于发现丢失当日书面报告税务机关，并登报声明作废。

第五章 发票的检查

第三十二条 《办法》第三十二条所称发票换票证仅限于在本县（市）范围内使用。需要调出外县（市）的发票查验时，应当提请该县（市）税务机关调取发票。

第三十三条 用票单位和个人有权申请税务机关对发票的真伪进行鉴别。收到申请的税务机关应当受理并负责鉴别发票的真伪；鉴别有困难的，可以提请发票监制税务机关协助鉴别。

在伪造、变造现场以及买卖地、存放地查获的发票，由当地税务机关鉴别。

第六章 罚 则

第三十四条 税务机关对违反发票管理法规的行为进行处罚，应当将行政处罚决定书面通知当事人；对违反发票管理法规的案件，应当立案查处。

对违反发票管理法规的行政处罚，由县以上税务机关决定；罚款额在 2 000 元以下的，可由税务所决定。

第三十五条 《办法》第四十条所称的公告是指，税务机关应当在办税场所或者广播、电视、报纸、期刊、网络等新闻媒体上公告纳税人发票违法的情况。公告内容包括：纳税人名称、纳税人识别号、经营地点、违反发票管理法规的具体情况。

第三十六条 对违反发票管理法规情节严重构成犯罪的，税务机关应当依法移送司法机关处理。

第七章 附 则

第三十七条 《办法》和本实施细则所称“以上”“以下”均含本数。

第三十八条 本实施细则自 2011 年 2 月 1 日起施行。

某地商场市场（超市）消防安全管理规范

1 总则

1.1 本标准规定了商场市场（超市）消防安全管理的术语和定义、消防安全职责、消防安全制度和操作规程、场所设置要求、消防安全管理措施、防火检查和巡查、消防宣传教育培训、灭火和应急疏散预案与演练、火灾事故处理及消防档案等内容。

1.2 商场市场（超市）应贯彻“预防为主、防消结合”的消防工作方针，自觉遵守消防法规，履行消防安全职责，健全消防安全制度，完善消防安全操作规程，确保消防安全。

1.3 商场市场（超市）应将消防安全工作列入商场市场（超市）目标管理之中，经常检查，定期考评并自觉接受各级商务行政部门的指导、监督和检查。

1.4 本标准适用于商场市场（超市）消防安全标准化管理工作。

2 规范性引用文件

下列文件中的条款通过本标准的引用而成为本标准的条款。凡是不注日期的引用文件，其最新版本适用于本标准。

GB 50045 高层民用建筑设计防火规范。

GB 50084 自动喷水灭火系统设计规范。

GB 50098 人民防空工程设计防火规范。

GB 50116 火灾自动报警系统设计规范。

GB 50140 建筑灭火器配置设计规范。

GB 50222 建筑内部装修设计防火规范。

GB 50354 建筑内部装修防火施工及施收规范。

GB 50016 建筑设计防火规范。

JGJ 48 商店建筑设计规范。

GA 503 建筑消防设施检测技术规程。

GA 587 建筑消防设施的维护管理。

3 术语和定义

3.1 商场市场（超市）

商场泛指为人们正常购物行为提供商业活动空间的场所。市场是买卖商品的场所，把货物的买主和卖主正式组织在一起进行交易的地方。超市是以顾客自选方式经营的大型综合性零售商场。

3.2 商场市场（超市）类消防安全重点单位

凡是建筑面积 500m^2 以上的商场、超市；建筑面积 200m^2 以上的地下商场、超市；建筑面积 500m^2 以上的家具城、建材城、灯具城、集贸市场等商场市场（超市）是消防安全重点单位，应当报当地公安消防机构备案。

3.3 消防设施

指火灾自动报警系统、自动喷水灭火系统、气体灭火系统、消火栓系统、防排烟系统以及应急广播和应急照明、安全疏散设施等。

4 消防安全职责

4.1 一般规定

（1）商场市场（超市）的消防安全管理应以通过有效的消防安全管理，提高其预防和控制火灾的能力，进而防止火灾发生，减少火灾危害，保证人身和财产安全为目标。

（2）商场市场（超市）的消防安全管理应遵守消防法律、法规、规章（以下统称消防法规），贯彻“预防为主、防消结合”的消防工作方针，履行消防安全职责，制定消防安全制度、操作规程，提高自防自救能力，保障消防安全。

（3）商场市场（超市）宜采用先进的消防技术、产品和方法，建立完善的消防安全管理体系和机制，定期开展消防安全评估，保障建筑具备经济合理的消防安全条件。

（4）商场市场（超市）应落实逐级和岗位消防安全责任制，明确逐级和岗位消防安全职责，确定各级、各岗位的消防安全责任人。商场市场（超市）的消防安全责任人应由该场所的法定代表人或者主要负责人担任。消防安全责任人可以根据需要确定本场所的消防安全管理人。承包、租赁场所的承租人是其承包、租赁范围的消防安全责任人，各部门负责人是部门消防安全责任人。消防安全管理人、消防控制室值班员和消防设施操作维护人员应经过消防职业培训，持证上岗。保安人员应掌握防火和灭火的基本技能。电气焊工、电工、易燃易爆化学物品操作人员应熟悉本工种操作过程的火灾危险性，掌握消防基本知识和防火、灭火基本技能。志愿和义务消防队员应掌握消防安全知识和灭火的基本技能，定期开展消防训练，火灾时应履行扑救火灾和引导人员疏散的义务。

(5) 实行承包、租赁或者委托经营、管理时，商场市场（超市）产权单位应提供符合消防安全要求的建筑物，当事人在订立相关租赁合同时，应依照有关规定明确各方的消防安全责任。

(6) 消防车通道、涉及公共消防安全的疏散设施和其他建筑消防设施应由商场市场（超市）产权单位或者委托管理的单位统一管理。承包、承租或者受委托经营、管理的单位应在其使用、管理范围内履行消防安全职责：制定消防安全管理制度和保证消防安全的操作规程；开展消防法规和防火安全知识的宣传教育，对从业人员进行消防安全教育和培训；定期开展防火巡查、检查，及时消除火灾隐患；保障疏散通道、安全出口、消防车通道畅通；确定各类消防设施的操作维护人员，保障消防设施、器材以及消防安全标志完好有效，处于正常运行状态；组织扑救初期火灾，疏散人员，维持火场秩序，保护火灾现场，协助火灾调查；确定消防安全重点部位和相应的消防安全管理措施；制定灭火和应急疏散预案，定期组织消防演练；建立防火档案。

(7) 对于有两个或两个以上产权单位和使用单位的商场市场（超市），除依法履行自身消防管理职责外，对消防车通道、涉及公共消防安全的疏散设施和其他建筑消防设施应明确统一管理的责任单位。

4.2 消防安全责任人职责

商场市场（超市）的法定代表人或者主要负责人是商场市场（超市）的消防安全责任人。消防安全责任人对商场市场（超市）的消防安全工作全面负责，应履行下列职责：

(1) 贯彻执行消防法规，保障商场市场（超市）消防安全符合规定，掌握本场所的消防安全情况，全面负责本场所的消防安全工作；

(2) 统筹安排生产、经营等活动中的消防安全管理工作，批准实施年度消防工作计划；

(3) 为消防安全管理提供必要的经费和组织保障；

(4) 确定逐级消防安全责任，批准实施消防安全管理制度和保障消防安全的操作规程；

(5) 组织防火检查，督促整改火灾隐患，及时处理涉及消防安全的重大问题；

(6) 根据消防法规的规定建立专职消防队、志愿消防队或义务消防队，并配备相应的消防器材和装备；

(7) 针对本场所的实际情况组织制定灭火和应急疏散预案，并实施演练。

4.3 消防安全管理人职责

商场市场（超市）应确定一名副经理为商场市场（超市）消防安全管理人。消防安全管理人对消防安全责任人负责，应履行下列职责：

（1）拟订年度消防安全工作计划，组织实施日常消防安全管理工作；

（2）组织制订消防安全管理制度和保障消防安全的操作规程，并检查督促落实；

（3）拟订消防安全工作的资金预算和组织保障方案；

（4）组织实施防火检查和火灾隐患整改；

（5）组织实施对本场所消防设施、灭火器材和消防安全标志的维护保养，确保其完好有效和处于正常运行状态，确保疏散通道和安全出口畅通；

（6）组织管理专职消防队、志愿消防队或义务消防队，开展日常业务训练；

（7）组织从业人员开展消防知识、技能的教育和培训，组织灭火和应急疏散预案的实施和演练；

（8）定期向消防安全责任人报告消防安全情况，及时报告涉及消防安全的重大问题；

（9）消防安全责任人委托的其他消防安全管理工作。

4.4 部门消防安全责任人职责

各部门负责人是所在部门的消防安全责任人，应履行下列职责：

（1）组织实施本部门的消防安全管理工作计划；

（2）根据本部门的实际情况开展消防安全教育与培训，制定消防安全管理制度，落实消防安全措施；

（3）按照规定实施消防安全巡查和定期检查，管理消防安全重点部位，维护管辖范围的消防设施；

（4）及时发现和消除火灾隐患，不能消除的，应采取相应措施并及时向消防安全管理人报告；

（5）发现火灾，及时报警，并组织人员疏散和初期火灾扑救。

4.5 专、兼职消防安全管理人员

商场市场（超市）应在消防安全工作归口管理职能部门中设立专、兼职消防安全管理人员。专、兼职消防安全管理人员应履行下列职责：

（1）了解消防法规，熟悉本单位消防安全状况并及时向上级报告有关消防工作情况；

（2）提请确定消防安全重点部位，提出落实消防安全管理措施的建议；

（3）实施日常防火检查工作，及时发现火灾隐患，按规定程序落实整改措施，做好相关记录；

（4）熟悉商场市场（超市）各类消防器材的使用方法，做好商场市场（超市）灭火器材、消防安全标志的维护保养工作；

（5）编制商场市场（超市）灭火和应急疏散预案，指导有关部门制订本部门灭火和应急疏散预案，定期组织实施演练；

（6）开展消防宣传、培训工作，普及防火、灭火、逃生的基本常识和技能；

（7）及时记录消防安全工作开展情况，完善消防档案；

（8）完成商场市场（超市）明确的其他消防安全管理工作。

4.6 消防控制室值班员

消防控制室值班员应经公安消防机构专门培训合格后持证上岗，并应履行下列职责：

（1）熟悉和掌握消防控制室设备的功能及操作规程，按照规定测试自动消防设施的功能，保障消防控制室设备的正常运行；

（2）对火警信号应立即确认，火灾确认后应立即报火警并向消防主管人员报告，随即启动灭火和应急疏散预案；

（3）对故障报警信号应及时确认，消防设施故障应及时排除，不能排除的应立即向主管人员或消防安全管理人报告；

（4）不间断值守岗位，做好消防控制室的火警、故障和值班记录。

4.7 消防设施操作维护人员

消防设施操作维护人员应经公安消防机构专门培训合格后持证上岗，并应履行下列职责：

（1）熟悉和掌握消防设施的功能和操作规程；

（2）对消防设施进行检查、维护和保养，保证消防设施和消防电源处于正常运行状态，确保有关阀门处于正确位置；

（3）发现故障应及时排除，不能排除的应及时向主管人员报告；

（4）做好运行、操作和故障记录。

4.8 志愿消防队员

志愿消防队员应从所有员工中以不小于30%的比例选取，应履行下列职责：

（1）熟悉本单位灭火与应急疏散预案和本人在志愿消防队中的职责分工；

（2）参加消防业务培训及灭火和应急疏散演练，了解防火知识，掌握灭火与疏散技能，熟练使用灭火器材及消防设施；

（3）协助本部门、本岗位负责人做好部门、岗位日常安全防火工作，宣传消防安全常识，督促他人共同遵守；

（4）发生火灾时须立即赶赴现场，服从现场指挥，积极参加扑救火灾、疏散人员、救助伤患、保护现场等工作。

4.9 保安人员

保安人员应履行下列职责：

(1) 按照制度规定进行防火巡查，并做好记录，发现问题应及时报告；

(2) 发现火灾应及时报火警并报告主管人员，实施灭火和应急疏散预案，协助灭火救援；

(3) 劝阻和制止违反消防法规和消防安全管理制度的行为。

4.10 焊工、电工

焊工、电工应履行下列职责：

(1) 执行有关消防安全制度和操作规程，履行审批手续；

(2) 落实相应作业现场的消防安全措施，保障消防安全；

(3) 发生火灾后应立即报火警，实施扑救。

4.11 员工

员工应履行下列职责：

(1) 参加消防安全教育培训，严格执行消防安全管理制度、规定及安全操作规程；

(2) 检查本岗位设施、设备、场地的消防安全情况，发现隐患及时排除并向上级主管报告；

(3) 熟悉本工作场所灭火器材、消防设施及安全出口的位置，发生火灾时，应及时组织引导人员安全疏散，并参加有组织的初起火灾扑救；

(4) 指导、督促顾客遵守商场市场（超市）消防安全管理制度，制止影响消防安全的行为。

5 消防安全制度、操作规程和消防设施维护管理标准

5.1 一般规定

商场市场（超市）应按照消防法律法规，结合本单位特点，建立健全各类消防安全制度、保障消防安全的操作规程和建筑消防设施维护管理标准，并根据实际情况的变化及时修订。

5.2 消防安全制度

(1) 消防安全教育培训制度。

包括责任部门、责任人和职责、频次、培训对象（包括特殊工种及新员工）、培训要求、培训内容、考核办法、情况记录等要点。

(2) 防火巡查和防火检查制度。

包括责任部门、责任人和职责、检查和巡查频次、参加人员、检查部位、内容和方法、火灾隐患认定等内容。

(3) 安全疏散设施管理制度。

包括安全疏散的各类消防设施的检查、维护责任部门及责任人、安全出口的畅通情况等内容。

（4）消防控制室值班制度。

包括值班人员配置、值班纪律、交接班要求、报警处置程序、情况记录等内容。

（5）消防设施和器材维护管理制度。

包括各类消防设施器材的使用、检查、维护责任部门及责任人、设施器材损坏或失效的处理程序、情况记录等内容。

（6）火灾隐患整改制度。

包括火灾隐患处置和报告程序、整改责任和防范措施、情况记录等内容。

（7）用火和用电安全管理制度。

用火安全管理应明确管理部门、管理范围、动火审批程序、动火现场管理、情况记录等内容；用电安全管理应明确管理部门、管理范围、临时用电审批、电工持证上岗、电工值班及交接班、电气设备消防安全检查等内容。

（8）易燃易爆危险物品消防安全管理制度。

包括危险物品入库、仓储、领用等环节过程中的防火防爆安全措施等内容。

（9）志愿消防队管理制度。

包括志愿消防队组织形式、人员比例、活动频次、训练要求、情况记录等内容。

（10）灭火和应急疏散预案演练制度。

包括预案制定、责任部门、演练频次、范围、演练情况记录、演练后的小结与评价等有关内容。

（11）燃气及电气设备检查管理制度。

包括管理部门、管理范围、设备登记、管理、检查与维修、故障处理、情况记录等内容。

（12）消防安全工作考评奖惩制度。

包括考评工作责任部门和考评对象、依据、标准、办法以及奖惩实施情况记录等有关内容。

（13）消防安全例会制度。

包括会议召集、人员组成、会议频次、议题范围、决定事项、会议记录等要点。

（14）消防安全重点部位管理制度。

包括消防安全重点部位名称、位置、管理部门、责任人、管理要求等内容。

（15）消防档案管理制度。

包括消防档案的分类、装订顺序、归档要求、管理要求、管理部门、管理人等内容。

5.3 消防安全操作规程

商场市场（超市）应制定下列保障消防安全的操作规程：

(1) 消防控制室值班人员火警处置程序；

(2) 员工发现火情时的火警处置程序；

(3) 自动消防系统操作规程；

(4) 消防广播操作程序；

(5) 变配电设备操作规程；

(6) 电气及燃气线路设备安装操作规程；

(7) 各类消防设备安全使用操作规程；

(8) 火灾事故处理程序；

(9) 其他必要的消防安全操作规程。

5.4 建筑消防设施维护管理标准

商场市场（超市）应建立健全下列建筑消防设施维护管理标准，并印刷装订成册：

(1) 火灾自动报警系统维护管理标准；

(2) 自动喷水灭火系统维护管理标准；

(3) 消火栓系统维护管理标准；

(4) 气体灭火系统维护管理标准；

(5) 喷淋冷却系统维护管理标准；

(6) 防火分隔系统维护管理标准；

(7) 防排烟系统维护管理标准；

(8) 应急照明疏散指示维护管理标准；

(9) 消防广播系统维护管理标准；

(10) 移动灭火器材维护管理标准；

(11) 其他建筑消防设施维护管理标准。

6 消防安全管理

6.1 一般规定

(1) 商场市场（超市）使用、开业前依法应向公安消防机构申报的，或改建、扩建、装修和改变用途依法应报经公安消防机构审批的，应事先向当地公安消防机构申报，办理行政审批手续。

(2) 建筑四周不得搭建违章建筑，不得占用防火间距、消防通道、举高消防车作业场地，不得设置影响消防扑救或遮挡排烟窗（口）的架空管线、广告牌等障碍物。

（3）商场市场（超市）不应与甲、乙类厂房、仓库组合布置及贴邻布置；不应与丙、丁、戊类厂房、仓库组合布置。

（4）商场市场（超市）不应擅自改变防火分区和消防设施、降低装修材料的燃烧性能等级。建筑内部装修不应改变疏散门的开启方向，减少安全出口、疏散出口的数量及其净宽度，影响安全疏散。

（5）商场市场（超市）内，严禁设置员工集体宿舍。

6.2 消防安全例会

（1）商场市场（超市）应建立消防安全例会制度，处理涉及消防安全的重大问题，研究、部署、落实本场所的消防安全工作计划和措施。

（2）消防安全例会应由消防安全责任人主持，有关人员参加，每月不宜少于一次。消防安全例会应由消防安全管理人提出议程，并应形成会议纪要或决议。

6.3 防火巡查、检查

（1）商场市场（超市）应建立防火巡查和防火检查制度，确定巡查和检查的人员、内容、部位和频次。

（2）防火巡查和检查时应填写巡查和检查记录，巡查和检查人员及其主管人员应在记录上签名。巡查、检查中应及时纠正违法违章行为，消除火灾隐患，无法整改的应立即报告，并记录存档。

（3）防火巡查时发现火灾应立即报火警并实施扑救。

（4）商场市场（超市）应进行每日防火巡查，并结合实际组织夜间防火巡查。在营业时间应至少每 2h 巡查一次，营业结束后应检查并消除遗留火种。应组织每日夜间防火巡查，且不应少于 2 次。

（5）防火巡查应包括下列内容：

1）用火、用电有无违章情况；

2）安全出口、疏散通道是否畅通，有无锁闭；安全疏散指示标志、应急照明是否完好；

3）常闭式防火门是否处于关闭状态，防火卷帘下是否堆放物品；

4）消防设施、器材是否在位、完整有效，消防安全标志是否完好清晰；

5）消防安全重点部位的人员在岗情况；

6）其他消防安全情况。

（6）防火检查应定期开展，各岗位应每天一次，各部门应每周一次，单位应每月一次。防火检查应包括下列内容：

1）消防车通道、消防水源；

2）安全疏散通道、楼梯，安全出口及其疏散指示标志、应急照明；

3）消防安全标志的设置情况；

4）灭火器材配置及其完好情况；

5）建筑消防设施运行情况；

6）消防控制室值班情况、消防控制设备运行情况及相关记录；

7）用火、用电有无违章情况；

8）消防安全重点部位的管理；

9）防火巡查落实情况及其记录；

10）火灾隐患的整改以及防范措施的落实情况；

11）防火、防爆和防雷措施的落实情况；

12）楼板、防火墙和竖井孔洞等重点防火分隔部位的封堵情况；

13）消防安全重点部位人员及其他员工消防知识的掌握情况。

6.4 消防宣传与培训

（1）商场市场（超市）应通过多种形式开展经常性的消防安全宣传与培训。

（2）应通过张贴图画、消防刊物、视频、网络、举办消防文化活动等形式对公众宣传防火、灭火和应急逃生等常识，应组织参观当地消防站、消防博物馆等活动。

（3）商场市场（超市）应至少每半年组织一次对从业人员的集中消防培训。

（4）应对新上岗员工或有关从业人员进行上岗前的消防培训。

（5）消防培训应包括下列内容：

1）有关消防法规、消防安全管理制度、保证消防安全的操作规程等；

2）本单位、本岗位的火灾危险性和防火措施；

3）建筑消防设施、灭火器材的性能、使用方法和操作规程；

4）报火警、扑救初起火灾、应急疏散和自救逃生的知识、技能；

5）本场所的安全疏散路线，引导人员疏散的程序和方法等；

6）灭火和应急疏散预案的内容、操作程序。

6.5 安全疏散设施管理

（1）安全疏散设施管理制度的内容应明确消防安全疏散设施管理的责任部门和责任人，定期维护、检查的要求，确保安全疏散设施的管理要求。

（2）安全疏散设施管理应符合下列要求：

1）确保疏散通道、安全出口的畅通，禁止占用、堵塞疏散通道和楼梯间；

2）商场市场（超市）在使用和营业期间疏散出口、安全出口的门不应锁闭；

3）封闭楼梯间、防烟楼梯间的门应完好，门上应有正确启闭状态的标识，保证其正常使用；

4）常闭式防火门应经常保持关闭；

5）需要经常保持开启状态的防火门，应保证其火灾时能自动关闭；自动和手动关闭的装置应完好有效；

6）平时需要控制人员出入或设有门禁系统的疏散门，应有保证火灾时人员疏散畅通的可靠措施；

7）安全出口、疏散门不得设置门槛和其他影响疏散的障碍物，且在其 1.4m 范围内不应设置台阶；

8）消防应急照明、安全疏散指示标志应完好、有效，发生损坏时应及时维修、更换；

9）消防安全标志应完好、清晰，不应遮挡；

10）安全出口、公共疏散走道上不应安装栅栏、卷帘门；

11）窗口、阳台等部位不应设置影响逃生和灭火救援的栅栏；

12）在商场市场（超市）各楼层的明显位置应设置安全疏散指示图，指示图上应标明疏散路线、安全出口、人员所在位置和必要的文字说明；

13）举办展览、展销、演出等大型群众性活动，应事先根据场所的疏散能力核定容纳人数。活动期间应对人数进行控制，采取防止超员的措施。

6.6 消防设施管理

（1）商场市场（超市）应建立消防设施管理制度，其内容应明确消防设施管理的责任部门和责任人，明确各类建筑消防设施每日巡查、单项检查、联动检查的内容、方法和频次，并按规定填写相应的记录。

（2）对消防设施的每日巡查主要包括以下内容：

1）消防供配电设施：消防电源主电源、备用电源工作状态，消防配电房、发电机房环境，消防设备末端配电箱切换装置工作状态；

2）火灾自动报警系统：火灾报警探测器外观，区域显示器运行状态，CRT 图形显示器运行状况，火灾报警控制器运行状况，消防联动控制器外观及运行状况，手动报警按钮外观，火灾警报装置外观，消防控制室工作环境等；

3）消防供水设施：消防水池及消防水箱外观，消防水泵及控制柜工作状态，稳压泵、增压泵、气压水罐工作状态，水泵接合器外观、标识，管道控制阀门启闭状态，泵房工作环境；

4）消火栓灭火系统：室内外消火栓外观及配件完整情况，消防卷盘外观及配件完整情况，启泵按钮外观；

5）自动喷水灭火系统：喷头外观，报警阀组外观，楼层或区域末端试验阀门处压力值；

6）气体灭火系统：气体灭火控制器工作状态，储瓶间环境，气体瓶组或储罐外观，选择阀、驱动装置等组件外观，紧急启停按钮外观，放气指示灯及警报装置外观，喷嘴外观，防护区状况；

7）防烟排烟系统：挡烟垂壁外观，送风阀外观，送风机工作状态，排烟阀外观，电动排烟窗外观，自然排烟设施外观，排烟机工作状态，送风、排烟机房环境；

8）应急照明和疏散指示标志：应急灯具外观及工作状态、疏散指示标志灯具外观及工作状态，集中供电型应急照明灯具和疏散指示标志灯外观；

9）应急广播系统：扬声器外观，扩音机工作状态；

10）消防专用电话：分机电话外观，插孔电话机外观；

11）防火分隔设施：防火门外观及配件完整性，防火门启闭状况，防火卷帘外观，防火卷帘工作状态；

12）消防电梯：紧急按钮外观，轿厢内电话外观，消防电梯工作状态；

13）灭火器：灭火器外观、摆放位置状况。

（3）商场市场（超市）内建筑消防设施的单项检查应每月至少一次，检查主要包括以下内容：

1）消防供配电设施：消防用电设备电源末级配电箱处主备电切换功能，发电机自动、手动启动试验，发电机燃料检查；

2）火灾自动报警系统：警报装置的警报功能，火灾报警探测器、手动报警按钮、火灾报警控制器、CRT 图形显示器、火灾显示盘的报警显示功能，消防联动控制设备的联动控制和显示。其中火灾报警探测器和手动报警按钮的报警功能的检查数量不少于总数的 25%；

3）消防供水设施：消防水池、水箱水量，增压设施压力工况，消防水泵及水泵控制柜的启泵和主备泵切换功能，管道阀门启闭功能；

4）消火栓灭火系统：室内外消火栓出水及压力，消火栓启泵按钮，系统功能。检查数量不少于总数量的 25%；

5）自动喷水灭火系统：报警阀组放水，末端试水装置放水。其中末端试水装置放水检查数量不少于总数量的 25%；

6）气体灭火系统：灭火剂储存量，模拟自动启动系统功能；

7）防烟和排烟设施：机械加压送风机以及系统功能，送风机控制柜；机械排烟风机、排烟阀以及系统功能，排烟风机控制柜；电动排烟窗启闭；

8）应急照明、疏散指示标志：电源切换和充电功能，标识正确性；

9）消防电话和应急广播：通话、广播质量，应急情况下强制切换功能；

10）防火分隔设施：防火门启闭功能，防火卷帘自动启动和现场手动功能，电动防火门联动功能，电动防火阀的启闭功能；

11）消防电梯：首层按钮控制和联动电梯回首层，电梯轿厢内消防电话，电梯井排水设备；

12）灭火器：检查灭火器型号、压力值和有效期限。检查数量不少于总数量的25%；

13）其他需要测试检查的内容。

（4）商场市场（超市）内建筑消防设施的联运检查每年至少一次，除灭火器外可结合消防设施检测进行，并在每年12月30日前将检测结果报当地公安消防机构。

（5）消防设施管理应符合下列要求：

1）消火栓应有明显标识；

2）室内消火栓箱不应上锁，箱内设备应齐全、完好；

3）室外消火栓不应埋压、圈占；距室外消火栓、水泵接合器2.0m范围内不得设置影响其正常使用的障碍物；

4）展品、商品、货柜、广告箱牌、生产设备等的设置不得影响防火门、防火卷帘、室内消火栓、灭火剂喷头、机械排烟口和送风口、自然排烟窗、火灾探测器、手动火灾报警按钮、声光报警装置等消防设施的正常使用；

5）应确保消防设施和消防电源始终处于正常运行状态；需要维修时，应采取相应的措施，维修完成后，应立即恢复到正常运行状态；

6）按照消防设施管理制度和相关标准定期检查、检测消防设施，并做好记录，存档备查；

7）自动消防设施应按照有关规定，每年委托具有相关资质的单位进行全面检查测试，并出具检测报告，送当地公安消防机构备案。

（6）消防控制室管理应明确值班人员的职责，应制定每日24h值班制度和交接班的程序与要求以及设备自检、巡检的程序与要求。

（7）消防控制室内不得堆放杂物，应保证其环境满足设备正常运行的要求；应具备消防设施平面布置图和完整的消防设施设计、施工和验收资料，以及灭火和应急疏散预案等。

（8）消防控制室值班记录应完整，字迹清晰，保存完好。

6.7 火灾隐患整改

（1）因违反或不符合消防法规而导致的各类潜在不安全因素，应认定为火灾隐患。

（2）发现火灾隐患应立即整改，不能立即整改的，应报告上级主管人员。

（3）消防安全管理人或部门消防安全责任人应组织对报告的火灾隐患进行认定，并对整改完毕的进行确认。

（4）明确火灾隐患整改责任部门、责任人、整改的期限和所需经费来源。

（5）在火灾隐患整改期间，应采取相应措施，保障安全。

（6）对公安消防机构责令限期整改的火灾隐患和重大火灾隐患，应在规定的期限内整改，并将火灾隐患整改复函送达公安消防机构。

（7）重大火灾隐患不能立即整改的，应自行将危险部位停产停业整改。

6.8　用电防火安全管理

（1）商场市场（超市）应建立用电防火安全管理制度，并应明确下列内容：

1）明确用电防火安全管理的责任部门和责任人；

2）电气设备的采购要求；

3）电气设备的安全使用要求；

4）电气设备的检查内容和要求；

5）电气设备操作人员的岗位资格及其职责要求。

（2）用电防火安全管理应符合下列要求：

1）采购电气、电热设备，应选用合格产品，并应符合有关安全标准的要求；

2）电气线路敷设、电气设备安装和维修应由具备职业资格的电工操作；

3）不得随意乱接电线，擅自增加用电设备；

4）电器设备周围应与可燃物保持 0.5m 以上的间距；

5）对电气线路、设备应定期检查、检测，严禁长时间超负荷运行；

6）营业结束时，应切断营业场所的非必要电源。

6.9　用火、动火安全管理

（1）商场市场（超市）应建立用火、动火安全管理制度，并应明确用火、动火管理的责任部门和责任人，用火、动火的审批范围、程序和要求以及电气焊工的岗位资格及其职责要求等内容。

（2）用火、动火安全管理应符合下列要求：

1）需要动火施工的区域与营业区之间应进行防火分隔；

2）在进行电气焊等明火作业前，实施动火的部门和人员应按照规定办理动火审批手续，清除易燃物，配置灭火器材，落实现场监护人和安全措施，在确认无火灾、爆炸危险后方可动火施工；

3）禁止在营业时间进行动火施工；

4）商场市场（超市）不应使用明火照明或取暖，如特殊情况需要时应有专人看护；

5）烟道等取暖设施与可燃物之间应采取防火隔热措施；

6）燃油、燃气管道应经常检查、检测和保养。

6.10　易燃易爆化学物品管理

（1）应明确易燃易爆化学物品管理的责任部门和责任人。

（2）商场市场（超市）严禁生产、储存易燃易爆化学物品。

（3）商场市场（超市）需要使用易燃易爆化学物品时，应根据需要限量使用，存储量不应超过一天的使用量，且应由专人管理、登记。

6.11　消防安全重点部位管理

（1）储油间、变配电室、锅炉房、厨房、空调机房、资料库、可燃物品仓库等应确定为消防安全重点部位，并明确消防安全管理的责任部门和责任人。

（2）应根据实际需要配备相应的灭火器材、装备和个人防护器材。

（3）应制定和完善事故应急处置操作程序。

（4）应列入防火巡查范围，作为定期检查的重点。

6.12　消防档案

（1）应建立消防档案管理制度，其内容应明确消防档案管理的责任部门和责任人，消防档案的制作、使用、更新及销毁的要求。

（2）消防档案管理应符合下列要求：

1）按照有关规定建立纸质消防档案，并同时建立电子档案；

2）消防档案应包括消防安全基本情况、消防安全管理情况、灭火和应急疏散预案；

3）消防档案内容应翔实，全面反映消防工作的基本情况，并附有必要的图纸、图表；

4）消防档案应由专人统一管理，按档案管理要求装订成册。

（3）消防安全基本情况应包括下列内容：

1）基本概况和消防安全重点部位情况；

2）所在建筑消防设计审核、消防验收以及场所使用或者开业前消防安全检查的许可文件和相关资料；

3）消防组织和各级消防安全责任人；

4）消防安全管理制度和保证消防安全的操作规程；

5）消防设施、灭火器材配置情况；

6）专职消防队、志愿消防队人员及其消防装备配备情况；

7）消防安全管理人、自动消防设施操作人员、电气焊工、电工、易燃易爆化学物品操作人员的基本情况；

8）新增消防产品、防火材料的合格证明材料。

（4）消防安全管理情况应包括下列内容：

1）消防安全例会纪要或决定；

2）公安消防机构填发的各种法律文书；

3）消防设施定期检查记录、自动消防设施全面检查测试的报告以及维修保养记录；

4）火灾隐患、重大火灾隐患及其整改情况记录；

5）防火检查、巡查记录；

6）有关燃气、电气设备检测等的记录资料；

7）消防安全培训记录；

8）灭火和应急疏散预案的演练记录；

9）火灾情况记录；

10）消防奖惩情况记录。

6.13 重点部位、重点时段管理

（1）消防控制室管理。

1）消防控制室值班人员应当接受专业训，持证上岗。

2）必须实行 24h 专人值班，每班不少于 2 人，并认真记录控制器日运行情况，每日检查火灾报警控制器的自检、消音、复位功能以及主备电源切换功能，按规定记录相关内容。

3）消防控制室的日常管理应符合《建筑消防设施的维护管理》（GA 587）的有关要求。

4）消防控制室应确保火灾报警系统和灭火系统等自动消防设施处于正常工作状态。

5）消防控制室应确保高位消防水箱、消防水池、气压水罐等消防储水设施水量充足，消防泵出水管阀门、自动喷水灭火系统管道上的阀门常开，消防水泵、排烟风机、防火卷帘等消防用电设备的配电柜开关处于自动（接通）位置。

6）接到火灾警报后，消防控制室必须立即以最快方式确认，确认后，立即启动灭火和应急疏散预案，拨打“119”火警电话报警，同时报告消防安全管理人。

（2）厨房管理。

1）根据相关规范条文规定，厨房的排油烟管不应暗设，并应设直通室外的排烟竖井，排烟竖井应有防回流设施，严禁排油烟水平支管穿越其他房间和场所。

2）排除油烟的风管应采用不燃烧材料制作，柔性接头可采用不燃烧材料制作。

3）排油烟罩及烹饪部位应设厨房专用灭火系统，且应在燃气或燃油管道上设置紧急事故自动切断装置。排油烟系统应设有导除静电的接地装置。

4）厨房的排油烟罩应每天擦拭一次，排油烟管道应至少每季度请专业公司清洗一次。

（3）加工与维修部门管理。

商场附设的加工与维修部门容易发生火灾。应采取以下防火措施：

1）商场内的服装加工部、家用电器维修部、钟表眼镜修理部等，最好与商场分开，独立设置，如必须设置在商场内，应用防火墙分隔；

2）各种电机应安装在不燃性材料的基础上，并设护栏，电机周围不得堆放各种物品；各种机械要及时检修，经常加注润滑油；

3）家用电器维修部的电器线路和设备要符合防火安全要求；电烙铁要放在不燃性材料制作的托架上，用后及时切断电源；

4）使用酒精、汽油等易燃液体清洗钟表、照相机零件时，现场禁有明火；当日用的少量易燃液体，要放在封闭的容器内，随用随开；未用完的易燃液体要送回库房，现场不得储存。

（4）柜台管理。

1）在柜台内的营业人员，应禁止吸烟；商场内应设置“禁止吸烟”标志，有条件的商场，可设顾客吸烟休息室。

2）柜台内须保持整洁，废弃的包装纸、盒等易燃物，不要抛撒在地面，应集中并及时处理。

3）经营指甲油、摩丝、火柴、蜡纸、改正液、赛璐珞制品和小包装的汽油、酒精、丁烷气等易燃危险物品的柜台，对进货量应加以限制，一般以不超过两天的销售量为宜。

4）经营家具、沙发等大件易燃商品的区域，应用绳索围拦，防止顾客吸烟入内。

5）在商场营业厅内禁用电炉、电热杯、电水壶等电加热器具。

（5）仓库管理。

1）仓库必须有良好的防火分隔，应按建筑防火要求设计防火墙、楼板和防火门。

2）百货仓库必须按商品性质分类储存。属于化学危险物品管理范围的商品，必须储存在专用仓库中，不得在百货仓库中混放。

3）在商品堆放时，垛距、墙距、柱距、梁距均不应小于50厘米。

4）仓库内不准使用碘钨灯、日光灯照明，应使用功率不超过60瓦的防护型灯具，并布置在走道或垛距的上方。

5）仓库内严禁吸烟、用火、燃放烟花和爆竹。

6）仓库内的电线应按规范要求安装使用。严禁在仓库闷顶内架设电线。仓库内不准乱拉临时电线，确有必要时，应经领导批准，由正式电工安装，使用后应及时拆除。

7）仓库内应按规范要求设置灭火设施和器材。

(6) 换柜季节管理。

每年的三月、八月或四月、九月是商场市场（超市）商品换柜的时间。通常情况下，不同品牌专卖柜的外形设计、材料及照明均有企业标准。专卖柜换柜时应先向商场市场（超市）相关部门提出申请，经同意后在夜间商场市场（超市）停止营业期间施工，现场必须配置相关的灭火器材，商场市场（超市）相关部门必须派人到场监护。所有构件应在场外制作就绪，严禁在安装现场使用电焊或气割。如情况特殊必须在店内动用或使用明火，必须报相关部门审批同意，办理动火证并采取相应安全措施。换柜结束后应报商场市场（超市）相关部门验收。验收时应注意检查专柜材料的燃烧性能和电气负荷量。为避免电气回路可能出现的超负荷运行，严禁在专柜上附设插座。未经验收合格的专柜，不得接驳电源和商场市场（超市）的电脑销售收银系统。

7 消防安全措施

7.1 一般规定

(1) 总平面和平面布置。

1) 商场市场（超市）选址应远离易燃、易爆危险物品生产、储存场所，并应与其他建（构）筑物保持足够的防火间距。若防火间距无法满足要求，则相邻建筑的外墙应采取措施，以限制火灾在建筑物之间蔓延。

2) 商场市场（超市）周围应按规范要求设置消防车通道，高层商场市场（超市）应设置环形消防车道，当设置环形消防车道有困难时，应沿商场市场（超市）的两个长边设置消防车道，并应按规范要求设置符合登高消防车操作需要的消防扑救面。

3) 步行商业街长度不宜大于 500m，并应在每个间距不大于 160m 处设横穿该街区的消防车道。

4) 商场市场（超市）内锅炉房、变配电室、柴油发电机房、空调机房、消防控制室、消防水泵房和歌舞、娱乐、放映、游艺场所等的设置，应符合有关消防技术规范的要求。

(2) 建筑耐火等级、层数。

多层商场市场（超市）的耐火等级不宜低于二级，高层商场市场（超市）的耐火等级不应低于二级。高度超过 50m 或 24m 以上任一层建筑面积超过 1 000m^2 的商场市场（超市），以及地下商场市场（超市）或商场市场（超市）的地下建筑，其耐火等级不应低于一级。一、二级耐火等级，商场市场（超市）的层数不限；三级耐火等级，商场市场（超市）不应超过 2 层或设置在三层及三层以上楼层。

(3) 防火分区。

商场市场（超市）应严格按照规范要求划分防火分区。上下层相连通的中庭、走廊、开敞楼梯、自动扶梯、传送带等开口部位，应按上下连通层作为一个防火分区，其建筑面积之和不应超过每个防火分区允许的最大建筑面积。当上下开口部位设有耐火极限大于 3 小时的防火卷帘或水幕等分隔设施时，其面积可不叠加计算。

划分防火分隔设施的防火墙、防火卷帘和防火门等防火分隔设施的设置均应符合国家现行消防技术规范的规定。穿越防火墙、楼板的管线孔洞、缝隙，均应用不低于该墙、楼板耐火极限的防火封堵材料封堵严密。

（4）安全疏散设施。

1）商场市场（超市）的安全出口应分散布置，每个防火分区、一个防火分区的每个楼层的安全出口数量不应少于 2 个，相邻 2 个安全出口最近边缘之间的水平距离不应少于 5m。安全出口的数量、宽度及走道的宽度等均应计算确定，且应符合相关消防技术规范的规定。

2）商场市场（超市）楼梯间的形式、数量、设置要求符合相关消防技术规范的规定。不超过 2 层、建筑高度不超过 32m 的商场市场（超市）应设置封闭楼梯间；一类高层商场市场（超市）和高度超过 32m 的二类高层商场市场（超市）应设置防烟楼梯间。高层商场市场（超市）应按规范要求设置消防电梯。

3）商场市场（超市）安全出口、楼梯间、前室、合用前室、疏散走道及人员密集场所的门均应向疏散方向开启，不得设置门槛。防火门应具有自行关闭功能，且应能手动开启。

4）商场市场（超市）需要控制人员随意出入的安全出口、疏散门，或设有门禁系统的，应保证火灾时不需使用钥匙等任何工具即能易于从内部打开，并应在显著位置设置“紧急出口”标识和使用提示。可以根据实际需要选用以下方法：

设置报警延迟时间不应超过 15s 的安全控制与报警逃生门锁系统。

设置能与火灾自动报警系统联动，且具备远程控制和现场手动开启装置的电磁门锁装置。

设置推闩式外开门。

5）设置在高层建筑内的商场市场（超市）内的疏散楼梯宜通至屋面，且宜在屋面设置辅助疏散设施。

6）营业厅、展览厅等大空间疏散指示标志的布置，应保证其指向最近的疏散出口，并使人员在走道上任何位置都能看见和识别。

（5）室内装修。

室内装修采用的装修材料的燃烧性能等级，应按照楼梯间严于疏散走道、疏散走道严于其他场所、地下严于地上、高层严于多层的原则予以控制。应严格执行《建筑内部装修设计防火规范》（GB 50222）和《建筑内部装修防火施工及验收规范》（GB 50354）的规定，尽量采用不燃性材料和难燃性材料，避免使用在燃烧时产生大量浓烟或者有毒气体的材料。

建筑内部装修不应遮挡消防设施、安全出口及疏散指示标志，不应减少安全出口、疏散出口和疏散走道的净宽度和数量，且不应妨碍消防设施和疏散走道的正常使用。

（6）除国家标准规定外，其他商场市场（超市）需要设置自动喷水灭火系统时，可按《自动喷水灭火系统设计规范》（GB 50084）的规定设置自动喷水灭火局部应用系统或简易自动喷水灭火系统。

（7）除国家标准规定外，其他商场市场（超市）需要设置火灾自动报警系统时，可设置点式火灾报警设备。

7.2　其他规定

（1）商店（市场）建筑物之间不应设置连接顶棚，当必须设置时应符合下列要求：

1）消防车通道上部严禁设置连接顶棚；

2）顶棚所连接的建筑总占地面积不应超过 2 500m^2；

3）顶棚下面不应设置摊位、堆放可燃物；

4）顶棚材料的燃烧性能不应低于 B1 级；

5）顶棚四周应敞开，其高度应高出建筑檐口 1.0m 以上。

（2）商店的仓库应采用耐火极限不低于 3.0h 的隔墙与营业、办公部分分隔，通向营业厅的门应为甲级防火门。

（3）营业厅内的柜台和货架应合理布置，疏散走道设置应符合《商店建筑设计规范》（JGJ 48）的规定，并应符合下列要求：

1）营业厅内的主要疏散走道应直通安全出口；

2）主要疏散走道的净宽度不应小于 3.0m，其他疏散走道净宽度不应小于 2.0m；当一层的营业厅建筑面积小于 500m^2时，主要疏散走道的净宽度可为 2.0m，其他疏散走道净宽度可为 1.5m；

3）疏散走道与营业区之间应在地面上应设置明显的界线标识；

4）营业厅内任何一点至最近安全出口的直线距离不宜大于 30m，且行走距离不应大于 45m。

（4）营业厅内设置的疏散指示标志应符合下列要求：

1）应在疏散走道转弯和交叉部位两侧的墙面、柱面距地面高度 1.0m 以下设置灯光疏散指示标志，确有困难时，可设置在疏散走道上方 2.2m～3.0m 处；疏散指示标志的间距不应大于 20m；

2）灯光疏散指示标志的规格不应小于 0.85m×0.30m，当一层的营业厅建筑面积小于 500m^{2}时，疏散指示标志的规格不应小于 0.65m×0.25m；

3）疏散走道的地面上应设置视觉连续的蓄光型辅助疏散指示标志。

（5）营业厅的安全疏散不应穿越仓库。当必须穿越时，应设置疏散走道，并采用耐火极限不低于 2.0h 的隔墙与仓库分隔。

（6）营业厅内食品加工区的明火部位应靠外墙布置，并应采用耐火极限不低于 2.0h 的隔墙与其他部位分隔。敞开式的食品加工区应采用电能加热设施，不应使用液化石油气作燃料。

（7）防火卷帘门两侧各 0.5m 范围内不得堆放物品，并应用黄色标识线划定范围。

8　消防标识设置

8.1　消防标识

商场市场（超市）应根据实际分别设置下列标识：

（1）消防安全布局标识；

（2）消防设施标识；

（3）危险场所标识；

（4）消防安全疏散标识；

（5）消防宣传标识。

8.2　消防安全布局标识

商场市场（超市）主要出入口醒目位置、消防车道等处应分别设置总平面布局标识、消防车道标识。

（1）总平面布局标识应标明商场市场（超市）消防水源（天然水源、室外消火栓及可利用的市政消火栓）、水泵结合器、消防车通道、消防安全重点部位、安全出口和疏散路线、主要消防设施位置等内容。

（2）商场市场（超市）专用消防车道附近应设置消防车道标识，标明“消防车道、严禁占用”等警示字样。

8.3　消防设施器材标识

商场市场（超市）消防设施、灭火器材所在位置应设置认知标识、操作使用标识、设施警示标识、建筑自动消防设施检测合格标识。

（1）灭火器设置点、灭火器材箱、火灾警报装置、室内（外）消火栓、防火卷帘、防火门、机械防排烟设施风口、逃生设施等消防设施器材的上方、侧方或者设施上应设置认知标识，标明消防设施名称。

（2）消防设施器材所在位置应同时设置操作使用标识，标明使用方法、维护责任人及检查维护时间等内容，划线标明消火栓、防火卷帘等消防设施的操作空间，室外消火栓顶部应刷涂反光漆。

（3）防火卷帘按钮、防排烟启动按钮和消防水泵远程启动按钮附近应设置认知标识，配电室、发电机间和消防水泵房门上应设置“消防重点部位”等警示标识，墙上应设置消防安全职责制度、操作规程标识，消防水泵上还应标明类别、编号、维护保养责任人、维护保养时间。

（4）建筑自动消防设施检测合格标识应当标明系统（设施）名称、使用编号、维保单位及联系电话、检测单位、检测日期等内容。

（5）建筑自动消防设施检测合格标识应当按下列要求设置：有消防控制室的，张贴在联动控制柜的左上角；只有火灾自动报警系统的，张贴在报警控制柜的左上角；只有自动喷水灭火系统的，张贴在水泵控制柜的左上角；其他情况的，张贴在醒目且有人值守的地方。

8.4 消防安全疏散标识

商场市场（超市）应在疏散通道、安全出口处设置疏散指示标识、疏散警示标识。

（1）疏散指示标识应分别设置在安全出口、疏散通道的上方、转角处及疏散通道 1 米以下的墙面上。

（2）商场市场（超市）的安全出口、疏散楼梯、疏散通道应设置疏散警示标识，标明“禁止锁闭”“禁止堵塞”等警示性内容，常闭式防火门上应设置“防火门请随手关闭”标识，普通电梯应在电梯门或附近设置“火灾时严禁使用电梯逃生”标识。

（3）商场市场（超市）各楼层的明显位置应设置安全疏散指示图，指示图上应标明疏散路线、安全出口、人员所在位置和必要的文字说明。

8.5 危险场所标识

商场市场（超市）应在可燃物资仓库等场所设置消防安全警示标识、消防安全管理规程标识、危险设施操作标识。

（1）危险场所、危险部位的室内外墙面、地面及危险设施处等适当位置应设置消防安全警示标识，标明消防安全警示性和禁止性规定。

（2）危险场所、危险部位的室内外墙面等适当位置应设置消防安全管理规程标识，标明消防安全管理制度、操作规程、注意事项及火灾事故应急处置程序等内容。

（3）储存易燃易爆化学物品的场所还应当标明储存物品的类别、品名、储量、注意事项及灭火方法。

（4）易操作失误引发火灾事故的关键设施部位应设置发光性危险设施操作标识，标明操作方式、注意事项、火灾事故应急处置程序等内容。

（5）在可燃物资仓库等重点部位应在出入口等醒目位置设置禁烟标识。

8.6　消防宣传标识

商场市场（超市）根据消防安全要求及自身安全管理理念，应在重点部位、重要场所等设置消防安全法规标识、消防职责制度标识、消防安全常识标识。

（1）商场市场（超市）应在大门前、主要疏散通道或者人员聚集部位的醒目位置利用电子屏、固定宣传栏等方式设置消防安全法规标识，宣传消防法律法规和有关消防安全的规定。

（2）商场市场（超市）重点部位、重要场所消防办公室的墙面上应设置消防职责制度标识，标明消防安全规章制度、岗位消防安全职责、安全常识标识，宣传单位消防安全管理理念、公共场所防火事项、火灾报警、安全疏散、逃生自救常识等内容。

（3）消防宣传标识内容应根据形势发展和管理需要定期更新。

图书在版编目（CIP）数据

卖场销售与管理/李烽主编. —北京：中国人民大学出版社，2018.10
教育部中等职业教育专业技能课立项教材
ISBN 978-7-300-25879-9

Ⅰ.①卖… Ⅱ.①李… Ⅲ.①零售商业-商业管理-中等专业学校-教材 Ⅳ.①F713.32

中国版本图书馆 CIP 数据核字（2018）第 126274 号

教育部中等职业教育专业技能课立项教材
卖场销售与管理
主　编　李　烽
副主编　叶　丹
Maichang Xiaoshou yu Guanli

出版发行	中国人民大学出版社		
社　　址	北京中关村大街 31 号	**邮政编码**	100080
电　　话	010－62511242（总编室）		010－62511770（质管部）
	010－82501766（邮购部）		010－62514148（门市部）
	010－62515195（发行公司）		010－62515275（盗版举报）
网　　址	http：//www.crup.com.cn		
	http：//www.ttrnet.com（人大教研网）		
经　　销	新华书店		
印　　刷	北京东君印刷有限公司		
规　　格	185 mm×260 mm　16 开本	**版　　次**	2018 年 10 月第 1 版
印　　张	7.5	**印　　次**	2018 年 10 月第 1 次印刷
字　　数	137 000	**定　　价**	22.00 元